JN123636

思いこみ・
勘ちがい・
錯誤の心理学

なぜ犠牲者のほうが非難され、
完璧な計画ほどうまくいかないのか

杉本 崇 著

遠見書房

まえがき

　この本は心理系のコースに進学を考えている人，または心理学を学び始めの人を読者として想定した「心理学入門書」として書かれた本ですが，「心理学の面白さを知ってもらうこと」「心理学とはどのように行われるのかを知ってもらうこと」に重点を置いています。

　そのために，一般の入門書・概論書のように，広い範囲の心理学の話題をまんべんなく取り上げるのではなく，我々の日常生活で誰もが直面し，多くの人が身近に感じるであろう「思い込み」「勘違い」に関した心理学研究に範囲を絞りました。さらにこの本の独自のコンセプトとして，心理学に興味を持ってもらうこと，学び始めの人に親しみを感じてもらうことを目的として，心理学のトピックそれぞれについて漫画の1コマを「話の枕」として使う，という方法を使いました。しかし，漫画の1コマを導入に使っているとはいっても，中身は心理学の論文の紹介を中心とした至って真面目な心理学の本であり，「入門書」としてはむしろ高度な内容です。漫画の1コマを導入に使っているのは，その高度な内容の「とっつきにくさ」を多少なりとも和らげ，話に入りやすくすることが目的であって，「漫画で面白おかしく気楽に心理学を学べる」というようなコンセプトの本ではありませんので，そこはご注意ください。

　漫画の1コマを「話の枕」に用いるのは，話の「つかみ」という意味合いだけではありません。心理学の魅力の一つは，人を対象にする学問であるため，人間に関することならば何でも対象になるという点です。心理学は「どこにでもある」ものであり，「漫画の中」でさえも例外ではないのです。その「どこにでもある」心理学の面白さを伝えるため，というのが漫画に絡めて心理学の話をするもう一つの目的です。

　初学者に向けた心理学の入門書，概論書は数多く出版されていますが，私は以前から，多くの概論書には不満を持っていました。どう不満かと言いますと，端的に言えば，「退屈」なのです。心理学は非常に魅力的な学問なのですが，多くの概論書はその魅力を全く伝えられて

いないのです。「なぜ, 多くの概論書はこれほど退屈なのか」を考えてみたところ, 以下のような理由が思い当たりました。

- 「このような理論・知見がある」という説明で終わっており, 「どのような研究でその知見が確立されたのか」という記述が乏しい
- 各分野における最初期の研究のみが紹介されており, 研究のその後の展開についてほとんど記述されない
- 理論のみの紹介にとどまり, 「その理論が, 人間のどのような側面を表しているのか」という説明がない

「概論書」というのは広い範囲の心理学の知見に「広く浅く」 触れる必要があるため, 一つひとつの理論・知見に割ける説明は限られたものになってしまうので, これらの点はやむを得ない「欠点」ではあるのですが, そのために心理学を学び始めの人が最初に読む本としては退屈で, 知的な刺激の乏しいものになってしまっているのです。そのため, この本では扱う範囲を人間の思い込みや勘違いに関連した7つのトピックに絞り, 「どのような研究でその分野が始まったのか」「どのような実験でその分野の研究が発展していったのか」を詳細に述べることで,「心理学がどのように知見を発展させていくのか」ということに重点を置いて解説しました。そうすることで, 一般の入門書のように心理学の知識を「広く浅く」伝えるのではなく,「心理学とはどういうものなのか」という正確な認識を伝えること, 心理学の理論の発展を追体験するような知的興奮を味わっていただくこと, それによって心理学の本当の面白さを伝えることを目的としてこの本を執筆しました。

著者である私自身は大学ではもともと工学部に属していたのですが, 学部時代に, あるゲームに関して普段から持っていた「疑問」の答えが心理学の中で見つかった, という経験をし, その時の知的興奮に誘われるような形で心理学の道に進むことになりました（この話は第3章で触れています）。私をそうさせた心理学の魅力や面白さがこの本で伝われば幸いです。

杉本　崇

目　　次

思いこみ・勘ちがい・錯誤の心理学

なぜ犠牲者のほうが非難され，完璧な計画ほどうまくいかないのか

心理学研究とはどういうものか

公正世界信念の研究から

「正義は勝つって⁉　そりゃあそうだろ。
勝者だけが正義だ *!!!!*」

尾田栄一郎／ジャンプコミックス『ONE PIECE』57 巻 p.90, 91 より／集英社
© 尾田栄一郎・集英社

犠牲者非難と公正世界信念

　冒頭で取り上げたのは『ONE PIECE』の登場人物ドンキホーテ・
ドフラミンゴの有名な台詞です。この章では，この「勝者だけが正義

だ *!!!!*」という台詞に絡めて，「犠牲者非難」という人の振る舞いについての心理学研究を紹介していきます。この章はあくまで「序章」という位置づけで，「犠牲者非難」の研究の動向に深く踏み込んだ説明はせず「犠牲者非難」を題材として，心理学を全く知らない人に「心理学研究とはどのようなものか」を理解していただくことを主題とします。そのため，すでに心理学を学んでいる読者にとってはあまりにも当たり前すぎる説明が含まれますが，その点はご了承ください。

さて，この章で扱う「犠牲者非難」とは，読んで字のごとく，事件や事故の被害者が，被害者であるにもかかわらず，社会的に非難されてしまう傾向のことです。近年，記憶に新しいところでは，2013年の「三鷹ストーカー殺人事件」という事件がありました。この事件はリベンジポルノ防止法が成立するきっかけとなった大きな事件でしたが，事件後，被害者に対してSNSなどで批判的な書き込みが多くなされ，千葉ロッテマリーンズの野球選手が「なるべくしてなった」「自業自得」などとツイートし，球団から処分されるということもありました。まさに絵に描いたような「犠牲者非難」であると言えます。

また，2017年に起こった「東名高速あおり運転事件」は，東名高速のパーキングエリアで加害者の男を注意した夫婦が高速の路上に停車させられ，車を降ろされたところを後方から来たトラックにはねられ，死亡してしまったという事件でしたが，この事件の直後，TVコメンテーターやインターネットには，「被害者の注意の仕方が悪かったために相手を怒らせてしまったのではないか」といった論調が散見されました。後に，加害者がこの事件前後に何度も同様の「あおり運転」を繰り返していたことが明らかになり，こうした論調は聞かれなくなりましたが，当初は確かにそのような「犠牲者」を非難するかのようなコメントがあったのです。

日本に暮らし，日本のニュースばかりを見ていると，こうした「犠牲者非難」という傾向は日本に特有なもののようにも思えてしまいますが，そうではありません。「犠牲者非難」という傾向は文化や世代によらず普遍的にみられることが知られており，日本に特有の傾向では

ないし，近年の風潮でもないのです。大学の授業で犠牲者非難の話を
すると，大学生から「こうした風潮は SNS の発達で起こったのかと思
っていた」とよく言われます。20 歳前後の大学生は最近の事例しか見
ていないわけですからこう思ってしまうのは無理もないですが，実際
にははるか昔から議論されてきた傾向であり，心理学の分野における
犠牲者非難の研究は 1960 年代まで遡ることができます。

　さて，「犠牲者非難」という傾向が文化によるものではなく，一時的
な風潮でもないとすれば，この傾向は人間という生き物に備わる根本
的な心理，習性が原因となっていると考えられます。

　心理学者ラーナー Lerner, M. は，「犠牲者非難」という行動は「公
正世界信念」と呼ばれる人間の考えによって生まれるのではないか，
という仮説を立てました。「公正世界信念」とは，簡単に言えば「世界
は公正であり，悪いことをした人のもとには悪いことが起こり，良い
ことをした人のもとには良いことが起こる」という信念のことです。

　例えば，少年漫画でよく見られる，「正義は必ず勝つ」という考え
も，「公正世界信念」であると言えます。「世界は公正なのだから，最
終的には『正義が勝つ』という『公正な』結果になるはずだ」という
わけですね。同様に，よく言われる「努力は必ず報われる」という言
説も「公正世界信念」と言ってよいでしょう。「世界は公正なのだか
ら，努力という苦しい思いをした人にはその分の見返りがあるはずだ」
というわけです。誰でも，こうした公正世界信念をある程度は持って
おり，「そうあってほしい」という願望を多かれ少なかれ持っていま
す。公正世界信念は人が生きるうえでは重要な役割を持つ考え方であ
り，人はこうした信念を持つことで「正しい」人間であろうとするこ
とができるし，「努力」というつらいことも為すことができます。

「正義は勝つ」の落とし穴──ラーナーの仮説

　しかし，この「公正世界信念」にはある「落とし穴」があります。
「正義は必ず勝つ」。では，「負けた人は全て正義ではない」のでしょう
か？　「努力は必ず報われる」。では，「成功しなかった人は例外なく努

力の足りなかった人」なのでしょうか。

　そんなことはありませんね。言うまでもないことですが，現実の「世界」は人間の価値観など斟酌してはくれません。「世界」には「正義かそうでないか」を判断する力などなく，「正義」を後押しして勝たせるような力があろうはずもありません。もちろん「世界」が「努力している人」をリスペクトして成功を約束してくれるようなこともありません。そんなことは我々が生きている中で嫌というほど知らされることです。

　つまり，「公正世界信念」は，人の「正しい」行動を導く有益な信念ではあるのですが，同時に大きな「落とし穴」を秘めた「不正確な」信念でもあるのです。冒頭で取り上げた「勝者だけが正義だ*!!!!*」という台詞も，漫画の台詞としてはカッコイイのですが，現実世界で主張する人がいたらちょっと引いてしまう「暴論」です。しかし，その「暴論」は，「正義は必ず勝つ」という，一見高邁な信念から導かれる，公正世界信念の「裏の面」なのです。

　こうした「公正世界信念」の「裏の面」こそが「犠牲者非難」を生んでいると考えたのが，心理学者ラーナーです。ラーナーの解釈は以下のようなものでした。

　「罪のない人」が「犠牲者」となった，という状況はこの「公正世界信念」を脅かすことになります。世界が公正であるのならば，罪のない人が犠牲になるという「不公正」なことなんて起こるはずがない，しかし現実に起こってしまったということは，実はこの世界は公正ではないということになってしまう……というわけです。しかし，前述のように，人は誰でも多かれ少なかれ「世界は公正であってほしい」，つまり，「公正世界信念を守りたい」という願望を持っています。「世界は公正である」という信念を守りたいと思っている人が，「罪のない人が犠牲者となった」という，「公正でない」状況を目の当たりにしたとき，世界が公正であるという信念を保つためにはどうすればいいでしょうか。

　答えは簡単です。「犠牲になったのは，落ち度のない人ではなかっ

たのだ」と解釈すればよいのです。そう考えることで，人は目の前の出来事を，「落ち度のある人が犠牲になっただけである」という「公正な」結果であると解釈することができ，「世界は公正である」という信念を守ることができるのです。このように「世界の公正さ」が脅かされたとき，それを「修復」し，守ろうとする心の動き，これこそが，広く社会でみられる「犠牲者非難」であるというのがラーナーの解釈でした。この解釈に従い，冒頭の台詞になぞらえて犠牲者非難という心理を表現すればこうなります。「悪は報いを受けるって？　そりゃあそうだろ。報いを受けた者が悪だ !!!!」。

心理学実験の仕組み――独立変数と従属変数

　さて，ラーナーはこのような解釈をしました。しかし，この説明は非常に筋が通った説明には聞こえるものの，この時点ではまだ「仮説」に過ぎません。「仮説」と言えば聞こえはいいですが，悪く言えば「思いつき」に過ぎないわけです。この「思いつき」を「知見」へと変化させるためには，実験が必要です。これは，物理学や化学のような，いわゆるハードサイエンスも，心理学も同じです。では，この仮説を実験的に検証するためにはどうすればよいでしょうか。

　これから，ラーナーらが最初に行った実験（Lerner & Simmons, 1966）を解説していきますが，まずは（あえて）ラーナーらの意図を何も説明せずに，「こういうことをやった」ということだけを説明します。最初は意味が分からないかもしれませんが，あとで整理して解説しますのでとりあえずは読み進めてください。余裕のある人は「なぜこんなことをしたのか」というラーナーらの意図を考えながら読むのも面白いかもしれません。

　ラーナーらは，募集した参加者たちに「学習の効果に関する心理学実験」を見てほしいと依頼しました。その実験は，「学習に失敗したときに罰を与えられる条件（「罰」条件）と，成功したときに報酬を与えられる条件（「報酬」条件）ではどちらが学習効果が高いか」を調べる実験であると説明され，参加者はその２つの条件のうち，失敗するた

びに電気ショックを与えられる「罰」条件の実験室の様子をモニターで観察することを求められました。

　しかし，この学習効果の実験はダミーの「やらせ」実験で，モニターに映されていたのは録画された映像でした。この実験の本当の狙いは，電気ショックを何度も浴びせられた偽の実験の参加者（以降，「犠牲者」と呼びます）の「魅力度」を評定してもらうことでした。

　本当の参加者（紛らわしいので，以降「観察者」と呼びます）は，一通り実験を観察した後で，「犠牲者」について「あなたはこの人とすぐに親しくなれそうですか？」「あなたはこの人から好ましい印象を受けましたか？」といったいくつかの質問に6段階で答えます。その回答を得点化したものを「魅力度」と呼びます。

　さて，この実験で重要なのは，募集した観察者をグループ分けした上で，「やらせ」実験の状況について各グループにそれぞれ別の説明をすることです。つまり，各グループの「観察者」たちは，同じ実験風景の映像を見た後で，その実験について異なる説明をされることになります。それぞれのグループへの説明は以下のようになります（実際にはグループは6つありますが，ここでは4つに絞って説明します）。

（1）「中間点」条件……「今，実験がちょうど半分終わったところまでを見てもらいました」と説明する。

（2）「完了点」条件……「今，実験が全て終わったところまでを見てもらいました」と説明する。

（3）「報酬決定」条件……「今，実験の前半が終わったところですが，皆さん（観察者）の投票による多数決で，実験の後半を『報酬』条件に切り替えるか，そのまま『罰』条件で続行するかが決まります」と説明した上で観察者に投票してもらい，その結果実験の後半は『報酬』条件でやることになったと説明する。

（4）「報酬投票」条件……「報酬決定」条件とほぼ同じ説明だが，投票の結果は観察者たちには知らせない（残り半分がどちらの条件で行われるかは分からない）。

表 1-1　条件別の魅力度の平均（Lerner & Simmons, 1966）

条件	魅力度
中間点	-25.78
完了点	-12.85
報酬決定	-5.07
報酬投票	-25.18

　見れば分かりますが，この実験状況の説明は本来「犠牲者」の魅力度とは全く関係がありません。どの条件の参加者も，同じ人物の同じ映像を見ているので，普通に考えればこの説明の違いによって魅力度の評価に差が出るようなことはないはずです。

　しかし，実際の実験結果はどうでしょうか。表 1-1 が，各条件の魅力度の平均値です。

　この結果を見て一目で分かるのは，評定された魅力度に条件ごとに大きな差があること，そして全ての条件においてマイナスの評点になっているということです。

　魅力度を評定された人物は電気ショックの苦痛を受ける「犠牲者」であり，本来は「同情」されてやや好意的に見られてしかるべき人物ですが，にもかかわらず，魅力度がマイナスに評価されているということは，実社会でみられる「犠牲者非難」に似た傾向が起こっていると言えます。そして，どの条件でも同じ「犠牲者」の映像を見ているにもかかわらず，その「非難」の度合いに大きな差が出ているという結果になっています。

　とはいっても，このように結果を並べられても何を意味しているのかは分かりづらいですね。しかし，実はこの結果はラーナーの仮説をはっきりと支持する結果なのです。いっぺんに結果を見ると分かりづらいですが，この実験の条件を 2 つずつ抜き出して，3 回の実験を行った「かのように」整理してみましょう。まず，最初の 2 つ，「中間点」条件と，「完了点」条件を抜き出して考えてみます。今度は，分かりやすいように参加者はどのような状況に置かれたのか，という実験

表1-2　中間点条件と完了点条件の比較

条件	魅力度	状況
中間点	-25.78	「犠牲者」が電気ショックを受ける実験の様子を1セッション分見た後、「今、実験がちょうど半分終わったところです」と説明される。その後で「犠牲者」の魅力度を評価する。
完了点	-12.85	「犠牲者」が電気ショックを受ける実験の様子を1セッション分見た後、「今、実験が全て終わったところです」と説明される。その後で「犠牲者」の魅力度を評価する。

参加者（観察者）からの視点で各実験条件を記述します（表1-2）。

　この2つの条件間の違いを整理すると、「中間点」条件では、観察者から見た犠牲者の状況は「犠牲者の苦痛がまだ半分しか終わっておらず、同じだけの苦痛がまだもう1セッション分続く」というものであり、「完了点」条件では「苦痛はもう全て終わった」という状況であることになります。つまり、観察者から見れば、完了点条件では「1セッション分の苦痛を受けた犠牲者」の魅力度を評定し、中間点条件では「2セッション分の苦痛を受ける（予定の）犠牲者」についての魅力を評定したということになります。つまり、この2つの条件では、観察者から見た「犠牲者の犠牲の度合い」を変化させているのです。

　このように、実験者が条件間で「意図的に変化させている要因」のことを「独立変数」と言います。これは心理学に限らない、一般的な科学用語、研究用語です。そして、その「犠牲の度合い」を変化させると、それに伴って「犠牲者の魅力度評価」がどう変化するのか、を調べるためにこのような条件を設定したのです。この、「独立変数に従って変化する（であろう）要因」を従属変数と言います。独立変数に「従って」変化するから従属変数、分かりやすいですね。

　つまり、この2つの条件を抜き出して考えると、この実験は「犠牲者の犠牲の度合いが変化すると、犠牲者の魅力度評定がどう変化するのか」を調べる実験ということが分かります。

　この説明からも分かるように、非常にざっくりと言ってしまえば、「独立変数を変化させると従属変数がどう変化するか」を調べるのが

「実験」なのです。

　条件間で、「独立変数だけが違っていて、他は何も違わない」という状況を作り、その「違い」に伴って従属変数に変化が出たとします。そうなると、「他は何も違わない」わけですから、従属変数の「違い」を生み出したのは独立変数の「違い」であり、他の何でもない、ということを明らかにすることができます。言い換えれば、「独立変数の変化が従属変数の変化の原因になっている」「独立変数の変化が従属変数の変化を起こしている」という因果関係を見出すことができるわけです。このようなロジックで因果関係を特定することが実験の目的であり、言い換えればその実験の独立変数と従属変数が分かれば、その実験が何を調べようとしているのか、何を明らかにしようとしているのかはだいたい分かるのです（図 1-1）。

　さて、この 2 つの条件の比較を一つの実験であるかのように考えると、そうしたロジックによって、「『犠牲者』の苦痛の大きさ（独立変数）が大きいと、犠牲者への非難（従属変数）が大きくなる」という因果関係が明らかになった、ということになります。

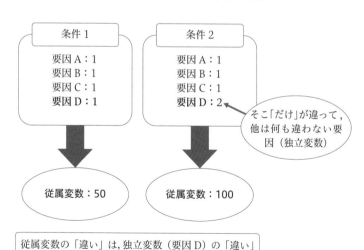

図 1-1　実験的研究が因果関係を明らかにする仕組み

なんとも理不尽な因果関係ですが，この結果はラーナーの「犠牲者非難は世界の公正さを修復しようとする心の動きである」という解釈によってうまく説明することができます。

仮に「犠牲者」に全く落ち度がないとします。「全く落ち度のない犠牲者が1セッション分の苦痛を受けた」状況と，「全く落ち度のない犠牲者が2セッション分の苦痛を受けた」状況ではどちらが「不公正さ」が大きいでしょうか。もちろん後者ですね。

つまり，「中間点」条件の観察者のほうが，「終了点」条件の観察者よりもより大きく「公正世界信念」を脅かされたことになります。そのため，脅かされた公正世界信念を修復して「公正な」状態に戻すためにはより大きな「犠牲者非難」が必要になります。つまり，公正世界信念を守るために，「より大きな犠牲を受けたからには，より大きな落ち度があったのだろう」と考えた結果，「非難」が大きくなったと説明できます。逆に言えば，この理不尽といってもよい結果をこの説明以外で説明するのはちょっと難しそうです。

次に，「中間点」条件をもう一度と，「報酬決定」条件を抜き出してみます（表1-3）。

「実験は半分終わったところです」と説明するところはどちらの条件も同じです。違うのは，「『犠牲者』が残りの1セッションでも苦痛を受け続けるか，それとも報酬を得ることができるか」ということですね。つまり，それがこの2つの条件を一つの実験であるかのように見

表1-3　中間点と報酬決定の比較

条件	魅力度	状況
中間点	-25.78	「犠牲者」が電気ショックを受ける実験の様子を1セッション分見た後，「今，実験がちょうど半分終わったところです」と説明される。その後で「犠牲者」の魅力度を評価する。
報酬決定	-5.07	「犠牲者」が電気ショックを受ける実験の様子を1セッション分見た後，「今，実験がちょうど半分終わったところです。残りの半分は，皆さんの多数決の結果，『成功すると報酬をもらえる』条件でやることになりました」と説明される。その後で「犠牲者」の魅力度を評価する。

たときの独立変数ということになります。

　つまり，この２つの条件を抜き出すと，この実験は「『犠牲者』がこれから報酬を得られるか，それとも苦痛を受け続けるか」という独立変数が変化すると，「評定された魅力度」という従属変数がどう変化するか，を調べる実験になります。

　結果を見ると一目で分かる通り，「報酬決定」条件では魅力度のマイナスが非常に小さくなっている（「非難」の度合いが小さい）という結果になっています。この結果もラーナーの仮説に非常によく合致します。

　「報酬決定」条件の「犠牲者」たちは，以降の実験では「報酬」を得ることができることが確定しています。つまり，報酬決定条件の観察者から見た状況は，「罪のない犠牲者が『犠牲』を受けたが，犠牲者は今後その『補償』を得られる」という「公正な」状況なのです。見えている状況がすでに「公正」であるので，何もしなくても「公正世界信念」は保たれており，公正世界信念を修復するために犠牲者を非難する必要はない，と説明できます。

　次に，「報酬決定」条件と「報酬投票」条件を抜き出してみましょう（表 1-4）。

　この場合の独立変数，つまり「実験者が意図的に変化させた要因」

表 1-4　報酬決定と報酬投票の比較

条件	魅力度	状況
報酬決定	-5.07	「犠牲者」が電気ショックを受ける実験の様子を１セッション分見た後，「今，実験がちょうど半分終わったところです。残りの半分は，皆さんの多数決の結果，『成功すると報酬をもらえる』条件でやることになりました」と説明される。その後で「犠牲者」の魅力度を評価する。
報酬投票	-25.18	「犠牲者」が電気ショックを受ける実験の様子を１セッション分見た後，「残りの１セッションは皆さんの投票で，このまま「罰」条件で行うか，『成功すると報酬をもらえる』条件でやるかを決めることになっています」と説明され，投票の結果どうなったかは知らされずに「犠牲者」の魅力度を評価する。

は明白ですね。「『犠牲者』たちが次のセッションを報酬条件で行うことになったことを知らされるか否か」です。従属変数はこれまでと同様，評定された魅力度です。さて，結果ですが，前述のように「報酬決定」条件では「非難」効果が大幅に減少しているのですが，「報酬投票」条件ではその効果はなくなり，「中間点」条件とほぼ同じになってしまっています。つまり，「『犠牲者』がその後報酬を得られるかどうかが明確に分かっているか否か」で「非難」の度合いが大きく変わってしまっているのです。当然ながら，「投票の結果を観察者が知っているかどうか」は「犠牲者」の魅力とは何の関係もないはずなのですが，にもかかわらず，評定された魅力度には大きな差が出ています。このおかしな結果も，ラーナーの仮説でうまく説明ができます。「報酬投票」条件では，観察者に見えている範囲の状況では，まだ「公正な」状況になってはおらず，観察者たちは今後「公正な」状況になることを確認できないので，「犠牲者を非難する」ことで「公正さ」を修復する必要があるということです。

　この研究は，初期の研究と言うこともあってあまり洗練されたデザインにはなっておらず，結果の表を見ただけではその意味するところが非常に分かりづらい研究になってしまっています。現代的な感覚ではこのように条件を「抜き出して」比較する必要のある研究はあまり良い研究ではありませんが，なにしろ1960年代の実験なのでそこは仕方ありません。しかし，このような分かりづらい研究であっても「独立変数」「従属変数」という観点から整理することで，その目的を把握することは容易になります。

統計的検定と「有意差」

　この実験結果が興味深いものであることは疑いありません。本来，「犠牲者」の人物評価とは全く関係がないはずの条件によって，「犠牲者」の魅力度評価に差が出ているからです。

　しかし，この実験結果をもって，実社会でみられる「犠牲者非難」という現象を説明できた，とまで言えるでしょうか。この実験は人工

的に作った，かなり特殊な状況で行われたものですし，この実験における「犠牲者」は，あくまで「苦痛を伴う実験を受ける人」であって，何かの事件の「犠牲者」というわけではありません。「犠牲者非難」という用語を「事件の被害者が社会的な非難を受ける傾向」と狭義に解釈すれば，この実験の結果はあくまで犠牲者非難「のような」傾向でしかないのです。それをそのまま実社会でみられる「犠牲者非難」に当てはめて，「犠牲者非難は公正世界信念によって起こっている」とまで結論づけてよいものでしょうか。当然，そういう批判もあり得ます。

　もちろん，この実験のみで「犠牲者非難は公正世界信念によって起こっている」という知見が成り立っているわけではなく，実社会における「犠牲者非難」により近い状況での実験も行われています。そうした研究は数多くありますが，ここではリンカーンら（Lincoln & Levinder, 1972）の実験を紹介します。

　また，ラーナーらの実験を説明する際には省略しましたが，心理学では条件間の値を比較するとき，「見た感じ」で評価するわけではありません。「人」を対象にする学問ですから，同じ実験をやっても常に同じ結果が出るわけではなく，「偶然」偏った結果が出ることもあり得ます。そのため，心理学では実験によって出た結果を「統計的検定」にかけ，その結果が「たまたま」出ただけなのかどうかを数学的に判別します。

　この本では具体的な統計的分析の手法については触れませんが，覚えておいてほしいのは，統計的検定では「検定」を行った結果，「偶然起こる確率」が「5％以下」であれば，「偶然でない」とみなす，という決まりがあるということです。

　統計的検定によって算出した「その偏りが偶然起こる確率」のことを「有意確率」と呼び，その有意確率が5％以下だった時，そのことを「この差は有意だった」「有意差があった」というように表現します。「有意」というのは文字通り「意味がある」，つまり「単なる偶然で，特別な意味が何もないような差というわけではない」というよう

な理解で結構です。

「5% 以上か以下か」を「偶然かどうか」の基準とするというのは統計学における「決まりごと」で，この「5%」という「基準」を「有意水準」と呼び，この本を含む心理学の文献の中で繰り返し出てくる「この差は 5% 水準で有意だった」というのは，「この差が偶然起こる確率は 5% 以下だったので，偶然で起こった差とはみなせないような差だった」という意味になります。前述のとおり，「偶然かどうか」の基準は 5% なので，もっとも重要なのは「5% 以上か以下か」なのですが，「よりはっきりとした差があった」ということを表現するため，有意確率が 1% 以下だった時は「この差は 1% 水準で有意だった」と表現されます。

ちなみに，上記のラーナーらの実験で行った比較は「t 検定」という統計的検定を行った結果，1% 水準で有意（こうした「偏り」が偶然起こる確率は 1% 以下）という結果となっています。

これは非常にざっくりとした説明であり，あまりにもざっくりとしすぎていて統計の先生には怒られるかもしれませんが，この本の内容を把握するうえではこの程度の理解で十分です。「有意な差があった」＝「その差は偶然とはみなせない差だった」という表現の意味だけ理解しておいてください。有意水準の扱いについては近年さまざまな議論があり，「5% 以上か以下か」でバッサリと切るような考え方には批判もありますが，心理学をこれから学ぼうという方は「とりあえず今は」そうした議論について考慮する必要はないでしょう。

一つひとつ順番に理解してもらいたいという意図から，ラーナーらの実験について説明する際は統計的検定の話は省略しましたが，ここからはそこまで含めて説明していきます。

リンカーンら（Lincoln & Levinder, 1972）は，抗議デモの最中に白人の警官に暴力を振るわれた黒人の「犠牲者」を題材として実験を行いました。この実験では独立変数は 2 つありました。一つは，黒人の「犠牲者」が，はっきりと不当な暴力を振るわれたか否かです。参加者は，白人の警官が黒人のデモ参加者を攻撃する写真を見てその黒

人の人物評価をするのですが，片方の条件ではその写真は「差別的な意図を持つ白人の警官が黒人に暴力を振るった写真」として提示されましたが（攻撃的条件），もう片方の条件では，警官の行動がどれほど不当なものであるのかのはっきりとした描写はなく，差別的な意図をもった非常に不当な行為であるのか，それとも警官としてある程度はやむを得ない行為だったのか，区別する手がかりがありませんでした（非攻撃的条件）。もう一つの独立変数は，「参加者が『犠牲者』の救済に関与できるか否か」です。「関与可能」条件では，参加者に対して，この調査の結果は人権委員会に提出され，結果次第で委員会は「犠牲者」の救済，「加害者」の処罰のための活動を開始する，といった説明がされました。こちらの条件では，実験の参加者自身が「犠牲者の救済に関与できる」わけです。もう片方の条件ではそうした説明はされませんでした。

　この実験では，独立変数が2つあり，それぞれに2つの条件があるので，2×2で参加者は4つの条件のいずれかに割り当てられることになります。従属変数はラーナーらの実験と同様の「犠牲者」の魅力度評価となります。

　この実験の独立変数と従属変数を，参加者視点でまとめるとこのようになります（表1-5）。

　このようにまとめることで，この実験が何をやろうとしているのかは一目で分かりますね。参加者が「犠牲者を救済できると思うか否か」「犠牲者は不当な暴力の被害者であると認識するか否か」によって，「犠牲者の魅力度」は変化するかどうかを確かめる実験というわけです。このように，独立変数と従属変数を参加者観点からまとめると，実験の概要が非常に分かりやすくなるので，この本では今後も必要に応じて実験の概要をこうした表で示していきます。

　さて，結果ですが，各条件における「犠牲者」の魅力度評価は以下のようでした（表1-6）。

　一つひとつ見ていきましょう。まず，「関与不可能条件」から見ていきます。こちらでは，「非攻撃的条件」の人物評定は99.42なのに，

表 1-5　犠牲者の魅力度評価実験の独立変数と従属変数

独立変数		
犠牲者の救済に関与可能か	関与可能	犠牲者の魅力の評定の際、「あなたの評定が『犠牲者』の救済に影響する」と説明を受ける。
	関与不可能	犠牲者の魅力の評定の際、「あなたの評定は実験のみに使われ、外部には漏らされない」と説明を受ける。
明確に「不当な」暴力の被害者か	明確に不当	デモの最中に警官からはっきりと不当な暴力を受けた被害者の画像を見る。
	明確に不当でない	デモの最中に警官から不当かどうかははっきりとは分からない暴力を受けた被害者の画像を見る。
従属変数		
犠牲者の魅力度		「あなたはこの人とすぐに親しくなれそうですか？」「あなたはこの人から好ましい印象を受けましたか？」といったいくつかの質問に 6 段階で答える。

表 1-6　犠牲者の魅力度評価（Lincoln & Levinder, 1972 より作成）

	関与不可能条件	関与可能条件
攻撃的条件	89.46	97.07
非攻撃的条件	99.42	90.09

「非攻撃的条件」の人物評定は 89.46 になっています。つまり、「暴力を振るわれたが、それがどれほど不当な暴力であったのかわからない」人物よりも、「はっきりと不当な暴力を振るわれた」人物のほうが、約 10 点分魅力度の評価が低くなっています。

　さて、前述のように心理学の研究では、このような「差」が偶然起こったものとはみなせないほどの「差」であるのかを検討するために、「統計的検定」という数学的な手法でこの差が「偶然に」起こる確率を計算します。ここでは、「分散分析」という手法を使ってその確率を計算したところ、この差が偶然に起こる確率は 1% 以下であることが分かりました。統計学では偶然起こる確率が 5% 以下であれば「偶然ではない」とみなされますので、「この差は偶然ではない」とみなされ、

「1％水準で有意な差があった」と表現されます。つまり，関与不可能
条件では，不当な暴力の「犠牲者」のほうが「魅力度」の評定が低い
という「犠牲者非難」が起こっている，ということが統計的にも示さ
れたわけです。

　ところが，「関与可能」条件ではどうでしょう。「攻撃的条件」では
97.07 なのに，「非攻撃的条件」では 90.09 と，「関与不可能」条件と
は逆に，「不当な暴力を受けた」犠牲者のほうが魅力度の評価が高くな
っています。いわば，不当な暴力の犠牲者が「ちゃんと」同情されて
いるわけです。この差も 1％水準で有意でした。

　さらに，「攻撃的条件」の人物評価を，関与可能条件と関与不可能条
件で比較してみましょう。こちらでは，「関与可能条件」では，97.07
であるのに対して，「関与不可能条件」では 89.46 と，「関与不可能条
件」のほうが低く評価されています。つまり，参加者自身の意志によ
って救済することのできない「犠牲者」は救済することのできる「犠
牲者」よりも非難される，という結果です。この差が偶然に起こる確
率は 2％以下であり，この差も有意な差でした（5％水準で有意）。

　まとめますと，この実験結果は，「参加者が犠牲者の救済に関与でき
ない時は『犠牲者非難』されるが，参加者が犠牲者の救済に関与でき
る時は『犠牲者非難』されない」ということを表しています。この結
果は，普通に考えれば全く理不尽としか言いようのない，おかしな傾
向ですが，この奇妙な結果も「公正世界信念」という観点からはうま
く説明することができます。

　人が「何の落ち度もない人が不当な暴力の犠牲者になった」という
事実を目の当たりにすると，自身の「世界は公正である」という信念
が脅かされてしまうので，犠牲者を非難することによって，この出来
事は「非難に値する人物が犠牲者となった」という「公正な」出来事
である，と解釈するというのが犠牲者非難についてのラーナーらの解
釈でした。

　しかし，自分自身の関与によって「犠牲者」を救済できる，となれ
ばどうでしょう。公正世界信念を守るために「犠牲者」を非難する必

要はなくなります。「何の落ち度もない人が犠牲者となったが，その被害を救済することができる」となれば，もうすでに「公正な」結果になっているので，犠牲者を非難することによって「公正さ」を修復しようとする必要はないからです。これは，ラーナーらの実験における「報酬決定」条件と「投票」条件の間に見られた結果を，実社会の「犠牲者非難」により近い状況で再現したものと言えます。

　この結果は，言い換えれば「救いのない犠牲者ほど非難される」という何とも嫌な傾向なのですが，そうした傾向を示した研究は数多くあります。この理不尽な傾向は公正世界信念という観点からうまく説明できますが，逆に言えば「公正世界信念が犠牲者非難を生んでいる」と仮定しないと説明が困難な，不可解な傾向であると言えます。

　そして，現実の社会でこれほど「犠牲者非難」が広く一般的に行われる理由もこの結果から見えてきます。多くの場合，一般市民はニュースなどで見た「犠牲者」を救済する術を持たないからです。

調査的研究と相関係数

　さて，ここまで実験室で行われた研究について見てきました。しかし，こうした実験室実験はどこまでいっても人工的な状況で観察されたものでしかありません。リンカーンらの実験はラーナーらの実験に比べればだいぶ現実の「犠牲者非難」の状況に近いものではありますが，それでもやはり人工的に作り出された特殊な状況であることには変わりありません。また，実験の都合上仕方のないことではありますが，これらの実験の従属変数は評定された犠牲者の「魅力度」であり，それがマイナスであったことを「非難」として扱っていますが，これはあくまで非難「のようなもの」であって，「非難」そのものではありません。それを，実社会で起こっている「犠牲者非難」と同じものと考えてよいものでしょうか。そういう「突っ込みどころ」はまだ残っています。しかし，実験というものが本質的に人工的な状況を作るものである以上，どれほど工夫して現実の状況に近い状況を作り上げた実験を行っても，結局はこうした「それ，実社会の現象に当てはめて

よいの？」という「突っ込み」を完全にかわすことはできません。

　そういった「突っ込み」に答えることのできる研究方法として,「調査的研究」というものがあります。調査的研究とは，実験室で特殊な状況を作り上げるのではなく，アンケートなどの方法で人々のあるがままの心理を測定し，それを分析するような研究法です。

　調査的研究では,「測定尺度」というものがよく使われます。「尺度」というと何やら物々しいですが，要するにアンケートです。公正世界信念に関連した質問を何項目か含んだアンケートを作成し，それらの合計得点で人々の公正世界信念の強さを測定するわけです。公正世界信念を測定する尺度は多数作成されており，それを使った調査的研究もたくさんありますが，ここではそのうちのごく一部を紹介します。

　マース（Maes, 1994）では,公正世界信念の一種である「内在的公正世界信念」を測定する尺度を用いて各参加者の公正世界信念の強さを測定した上で,各参加者ががん患者,つまりがんという病気の「犠牲者」に対してどれほど「非難」するかを調べました。具体的には，がんで死んでしまった人の関係者を何人か挙げ，（犠牲者自身，犠牲者の家族,犠牲者の主治医など）「彼らはどれほど患者ががんにかかってしまったことについて非難されるべきか？」という質問をし,「全く非難されるべきと思わない（０点）」から，「非常に強く非難されるべきだと思う（５点）」までの６段階で回答させました。「犠牲者自身」についてのこの質問の答えがいわゆる「犠牲者非難」になるわけです。同様に,「犠牲者自身」「社会」「神の意志」「偶然」について,「どれほど患者ががんにかかったことについて責任があると思うか？」ということも同様に６段階で回答してもらいました。「犠牲者自身」についてのこの質問に高い得点をつけた人は，「がんにかかったのは自己責任だ」と考えているということになります。これらの質問と，公正世界信念の強さとの関連性を調べたわけです。

　その結果が表 1-7 です。

　この値は,「相関係数」と呼ばれるもので，２つの値の関連性の強さを表したものです。相関係数は，-1.0 から +1.0 までの値を取り，絶

表1-7 公正世界信念と犠牲者非難の相関係数（マース，1994より作成）

	犠牲者非難	自己責任評価
公正世界信念の強さ	0.3226	0.3508

対値が大きいほどより強い関連性があり，プラスならば「片方の値が大きいほどもう片方の値も大きい」，マイナスならば「片方の値が大きいほどもう片方の値は小さい」ということを現します。この「関連性」も当然ながら「たまたま」そうなったということもあり得るので，統計的検定を行う必要があるのですが，この0.3226と0.3508という2つの相関係数はどちらもこの関連性が「偶然起こる確率」は1％以下，つまり「1％水準で有意」でした。偶然とみなせないプラスの関連性があったということは，「公正世界信念」が高い人はがんの犠牲者を非難する傾向が強く，またがんで死んだことを自己責任と考えるという関連性が示されたということになります。

　これは，ラーナーの「犠牲者非難は公正世界信念によって生まれる」という解釈の妥当性を支持する結果であり，実験室で人工的な状況を作り上げるような研究でない研究でも，実験室での研究と同じ結論を出すことができた，ということを意味します。

　こうした調査研究も数多くあり，より明快な結果を示した調査研究としては，カプラン（Kaplan, 2012）の，公正世界信念の強さと貧困に対する認識の関係を調べた研究が挙げられます。この研究では，BJW-Oと呼ばれる公正世界信念尺度の得点と，貧困に対する認識の相関関係を調べたところ，公正世界信念が高い人ほど貧困に陥っている人々を非難し，自己責任と考え，社会的なケアを不要と考える傾向が観察され，その相関係数は0.57という高い値でした（1％水準で有意）。心理学の調査研究でこれほど高い相関係数が出ることはあまりなく，これ以上はほとんど考えられないほどの明快な結果と言えます。

　こうした調査研究は，研究者自身が何か特殊な環境を設定し，その特殊な環境での人の振る舞いを観察するわけではないので，「実験で観察された傾向を実社会に当てはめてよいものなのか？」という批判は

当たらないことになります。そういう意味で，実験的研究にはない強みがあるのですが，いいことばかりではありません。調査的研究にはひとつ大きな弱みがあります。調査的研究で分かるのは相関関係だけであり，因果関係は分からないのです。

　実験的研究であれば，「独立変数だけが異なり，他は何も違わない」という状況の中で従属変数に変化が出れば，「操作した独立変数によって従属変数が変化した」という因果関係を特定することができます。しかし，調査研究で分かるのは「この要因が大きいとき，この要因も大きい」といった相関関係だけなのです。もちろん因果関係があるときは相関関係も必然的に成り立つのですが，相関関係があるからといっては必ずしも因果関係もあるわけではありません。

　因果関係と相関関係の区別については昔からさまざまな説明の仕方がされてきましたが，私が気に入っている表現は，進化学者スティーブン・ジェイ・グールドがエッセイ集『ダーウィン以来』の中で用いた「ハレー彗星が地球から遠ざかるのに伴い，我が家の猫も頑固さを増している」というものです。ハレー彗星は 1986 年に地球に最接近し

「時間」という第三の変数が，
「猫の頑固さ」と「ハレー彗星と地球の距離」
という 2 つの要因に影響を及ぼしている。

図 1-2　「第三の変数」によって起こる疑似相関

て以来，徐々に地球から離れているわけですが，その距離が開けば開くほどグールド家の猫が頑固になっていく，という正の相関関係があるとして，それは「ハレー彗星と地球の距離がグールド家の猫の頑固さを強化している」という因果関係を意味しているでしょうか？　そんなはずはありません。これは，「時間」という要因が「ハレー彗星と地球の距離」と「グールド家の猫の頑固さ」という2つの要因にともに正の影響を及ぼしているため，結果的に「片方が増せば増すほどもう片方も増す」という正の相関関係が生じているにすぎません。これは，「相関関係はあるが因果関係はない」ケースです。

　相関係数を用いた調査的研究で，「Aが高ければ高いほどBも高い」という相関関係を発見したとしても，それが「Aという要因がBという結果を生む」という因果関係があるのか，それともグールド家の猫の例のように，因果関係などはなく，別の理由で「Aが高ければ高いほどBも高い」という関係が成立しているだけなのかは分かりません。もちろん「因果関係がある」という可能性が否定されるものではありませんが，調査的研究では「この相関関係が因果関係なのか，そうではないのか」の区別は原理的にできないのです。これが調査的研究の大きな弱みと言えます。一方，実験的研究は独立変数の操作を行い，「独立変数だけが違って，他は違わない」条件間で従属変数の変化を調べることで，「独立変数の変化が従属変数の変化を生む」という因果関係を示すことができます。調査的研究は，実験的研究と比べて「人工的に状況を操作しないので，より自然な人間の振る舞いを見ることができる」という利点を持っているわけですが，その利点と引き換えに「因果関係なのか相関関係なのか区別できない」という弱みを持ってしまっているのです（図1-3）。

　このように，実験的研究と調査的研究にはそれぞれ別の弱みがあり，どちらかがどちらかよりも優れているというものではありません。しかし，実験的研究，調査的研究の双方で同じような結果を出すことによって，互いの欠陥をある程度補い合って，より強固な知見にすることができます。そのため，可能ならば両方のアプローチで研究を行う

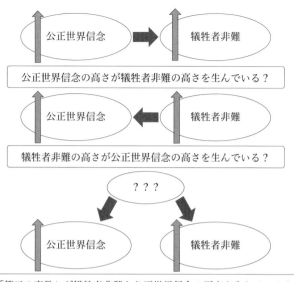

調査的研究で「公正世界信念が強い人は犠牲者非難をしやすい」という
結果が出ても，それがどれを意味しているのかはその結果からは分から
ない（因果関係は特定できない）

図1-3　「公正世界信念の高い人は犠牲者非難をしやすい」という
調査的研究の結果の解釈の候補

というのが心理学研究における一つの常道と言えます。心理学研究は
全て実験的研究と調査的研究のどちらかに分類されるわけではなく，
それ以外の研究方法もありますが，この本の内容を理解する分にはそ
の2つだけ把握していただければよいと思います（もう一つだけ,「メ
タ解析」という研究手法を使った研究が後に出てきますが，それは本
文中で出てきたときに説明します）。

公正世界信念の研究から読み取れること

　ここまで，公正世界信念と犠牲者非難の関係についての研究につい
て論じてきました。この章で取り上げたのは膨大な犠牲者非難研究の
中のごくごく一部ですが，そこからでも現実世界の出来事に光を当て

るさまざまな知見を得ることができます。

　冒頭で東名高速あおり運転事件について，被害者に対して「注意の仕方が悪かったのではないか」といったコメントがみられたことについて触れました。しかし，当然ですが，そうしたコメントをした人たちも，被害者がパーキングエリアで加害者にどのような注意をしたか，など正確には知らなかったはずなのです。にもかかわらず，なぜそのようなコメントをするのでしょうか。公正世界信念の話を知った後なら，その心理を容易に想像することができます。なぜ，知りもしないのに「注意の仕方が悪かった」と思うのか。「何も落ち度がないのにあんな悲惨な事件の犠牲者になるはずがない。なぜなら世界は公正だからだ」という考えが根底にあったのではないでしょうか。東名あおり運転事件は，大変痛ましい事件であると同時に恐ろしい事件でもありました。高速を走るドライバーならば誰でも被害者の立場になっていた可能性があったし，もしその立場になったらどう対処すればよかったのか，現実的な解答は存在しません。自分が被害者の立場になることを想像したくもないような，恐ろしい事件であると言えます。しかし，公正世界信念に基づき，「落ち度があったからこそ被害者になったのだ」と考えることで，「自分はそんな落ち度は犯さないのでそんな事件の被害者にはならない」と安心することができます。このような「安心したい気持ち」が，犠牲者非難の大きな動機であることは多くの公正世界信念の研究で指摘されています。つまり，犠牲者非難をする人は，言葉は攻撃的であっても，実は公正世界信念という「現実逃避」で，「自分は被害者にならない」と安心したがっている気の小さい人なのです。

　病気や貧困に対する犠牲者非難と公正世界信念の関連を示した研究を紹介しました。2016年に当時フリーアナウンサーであった人物が「自業自得の人工透析患者なんて，全員実費負担にさせよ！　無理だと泣くならそのまま殺せ！」といった表題の記事をブログに投稿したり，2018年には落語家が「我が貧困を政府のせいにしてる暇があるなら，どうかまともな一歩を踏み出してほしい。この国での貧困は絶

対的に『自分のせい』なのだ」とツイートしたり，といった，いわゆる「自己責任論」をSNS等に展開して炎上する人物は後を絶ちません。どうして，炎上することが分かりきっているこうした内容を投稿してしまうのか。その疑問の答えも，公正世界信念の研究から推測することができます。こうした主張を吟味すると，その中には強い「公正世界信念」が根を張っていることに気づきます。特に後者は強烈ですね。本人は何やら立派なことを言っているつもりのようですが，要するに「努力すれば貧困から抜け出せるって？　そりゃあそうだろ。貧困から抜け出した者だけが努力した者だ!!!!」というドフラミンゴ的な暴論でしかありません。

　こうした安直な「自己責任論」を振りかざす人々は，自分では現実をシビアに見た大人の発言をしているつもりなのでしょう。しかし，実際には彼らは「公正世界信念」という，おとぎ話やヒーロー番組のような素朴な世界観にどっぷりと漬かり，それに基づいて発言しているのです。

　このように考えると，世の中の出来事の見方が変わってくるのではないでしょうか。学ぶことで世界の見方が変わる，というのは心理学を学ぶうえでの大きな面白みの一つです。

　ただし，ここではあえて断定的な論調で述べてみせましたが，実際には心理学というのは「傾向」しか分からないものなので，心理学研究の知見をそのまま人の行動に当てはめて，「この人はこういう心理でこう行動したのだ」などと決めてかかるのは危険であり，厳に戒めねばなりません。ここで述べられた発言者の心理に対する論はあくまで一つの解釈でしかないのです。自分で書いておいて何ですが，心理学を用いて上記のような断定的な論調で人の心理を分析しているような記事を見かけたら，その記事は少し警戒して見る必要があります。ここではわざと不適切な論調で論じました。ここを読んで，「こんなに断定してよいものなの？」と違和感を持った人は健全な感覚の持ち主と言えるでしょう。

　とは言っても「断定するのがまずい」というだけの話であって，一

つの解釈としては成り立ちますし，そう解釈することでいろいろと腑に落ちることがあるのも確かです。

「公正世界信念と犠牲者非難」の話の恐ろしいところは，「正義は必ず勝つ」「努力は必ず報われる」といった，「正義の信念」によって，「救いのない犠牲者ほど非難される」という理不尽な傾向が生まれてしまっているというところにあります。私はいつもこの話をする時には何か，おぞましい気分になってしまうのですが，多くの心理学研究がそのおぞましい事実を明らかにしている以上，事実は事実として受け入れなければなりません。

少し話がそれました。この章の本題は心理学実験のあり方について基本的なことを理解していただくことであり，この章で理解していただきたかったことをまとめると，以下のようになります。

- 独立変数とは，実験者が意図的に変化させた要因のことであり，従属変数は独立変数に従って変化する（かもしれない）要因である。
- 実験とは，「独立変数を変化させると従属変数がどう変化するか」を調べるものであり，独立変数と従属変数が分かればその実験で何をやろうとしているのかはだいたい分かる。
- 心理学実験では，統計的検定という数学的手法によって，その結果が「偶然」出る確率を計算し，それが5%以下ならば「有意な結果」として，「偶然ではない」とみなされる。
- 実験的研究と調査的研究にはそれぞれ一長一短あり，可能ならば双方の方法で研究を行うことでより知見を確かなものにできる。

この章では，あくまで心理学研究のあり方についての説明の題材として犠牲者非難の研究を用いただけなので，研究の内容そのものに深くは踏み込みませんでした。次章以降では各分野の研究内容をもっと詳細に踏み込んで紹介していきます。

引用文献
Gould, S. J. (1977). *Ever Since Darwin: Reflections in Natural History*. W W Norton

& Co Inc.（浦本昌紀・寺田鴻訳（1995）ダーウィン以来―進化論への招待．ハヤカワ文庫 NF.）

Kaplan, H.（2012）. Belief in a just world, religiosity and victim blaming. *Archive for the Psychology of Religion*, 34（3）, 397-409.

Lerner, M. J. & Simmons, C. H.（1966）. Observer's reaction to the "innocent victim": Compassion or rejection?. *Journal of Personality and social Psychology*, 4（2）, 203.

Lincoln, A. & Levinger, G.（1972）. Observers' evaluations of the victim and the attacker in an aggressive incident. *Journal of Personality and Social Psychology*, 22（2）, 202.

Maes, J.（1994）. Blaming the victim: Belief in control or belief in justice?. *Social Justice Research*, 7（1）, 69-90.

＊　　＊　　＊

尾田栄一郎（2010）ONE PIECE，57 巻，pp.90-91．（ジャンプコミックス）集英社.

第 1 章

後知恵バイアスの話

本当に「最初から分かっていた」のか

のび太はネッシーがいるかいない
かの討論会に、「いる」という立場か
ら主張を展開する。のび太は豊富な
資料を用意して討論に臨み，聴衆た
ちは一度は「いる」という方向で納
得しかける。

ところが，「いない」という立場に
立つ少年がのび太の主張に一つひと
つ反論を展開すると，その説得力の
ある反論に聴衆たちの空気は一変し
てしまった。

「おれ，はじめからいないと
おもってた」

藤子・F・不二雄／てんとう虫コミッ
クス『ドラえもん』6 巻「ネッシー
がくる」p.129, 131 より／小学館
© 藤子プロ・小学館

後知恵バイアスとは何か

このシーンは『ドラえもん』の有名なシーンなので，御存知の方も
多いでしょう。のび太の発表を聞いた直後には「おれ，はじめからそ
う（ネッシーはいると）おもってた」と言っていた聴衆の一人が，ほ
んの数ページ後には「おれ，はじめからいないとおもってた」と，あ
っさり手のひらを返しており，その姿には「おいおい」と突っ込みを

入れずにはおれません。

　ただ，この描写は「ギャグ」として漫画的に誇張されていますが，ここまで極端ではないまでも，似たような人の振る舞いを目の当たりにしたことはある人は多いのではないでしょうか。

　実は，漫画の中だけでなく現実の人間の間にもこの少年のような振る舞いがみられることは，心理学では1970年代から研究の対象となっているのです。その傾向のことを「後知恵バイアス（hindsight bias）」と呼びます。「後知恵バイアス」をこのシーンになぞらえて説明すると，「実際には『はじめからそうおもってた』わけではないにもかかわらず，『おれ，はじめからそうおもってた』と思いがちな傾向」と表現することができます。まさにこのシーンでのこの少年のような振る舞いが心理学で研究されているのです。

　そう言われてもちょっとピンとこないと思うので，その傾向が報告された最初の論文を紹介しましょう。まさにそのタイトルも「I knew it would happen（自分はそれが起こることを知っていた）: Remembered probabilities of once-future things」というフィッシュホフらの論文です（Fischhoff & Beyth, 1975）。

　この研究は1975年に発表されたもので，実験が行われたのは東西冷戦のさなかの1972年でした。この年に，当時の米大統領リチャード・ニクソンが，米大統領として初めて東側陣営の国である中国とソ連を公式訪問するという，後に（第一次）ニクソンショックと呼ばれる歴史的な出来事が起こりました。この実験はその出来事を題材としたものです。

　この実験は2つのセッションに分けられます。第1セッションはニクソン大統領の訪中・訪ソの前日に実施されました。この時，参加者は明日に迫った訪中・訪ソについての15の出来事，例えば「ニクソン大統領は毛沢東と会談する」「大統領は公式訪問が『成功した』と発表する」などについて，それが「実際に起こる確率」を0%から100%の値で見積もることを求められました。

　そして，そのセッションからしばらくの間（2週間～8カ月）をお

いて，同じ実験参加者を集め，実験の第2セッションを行いました。この第2セッションでは，参加者らは実験の第1セッションにおける自分自身の回答を思い出すことを求められました。

　ここで重要なのは，この時点ではもうニクソン大統領の訪中は終わっており，実際にそれぞれの出来事が起こったかどうかは参加者にも分かっているということです。いわば，自分が第1セッションで行った事前予測の「答え合わせ」はもう終わっているわけです。

　実験の流れを図示すると以下のようになります（図2-1）。

　ここでは15の出来事のうちの一つ，「毛沢東とニクソン大統領の会談」を例に図示しましたが，この出来事はニクソン大統領の訪中の間に実際に起こった出来事でした。

　例えばある参加者が「セッション1」の事前予測で「ニクソン大統領が毛沢東と会談する確率は10％である」と予測したとします。そして，同じ参加者が「セッション2」で自分の回答を思い出すことを求められた際「自分は80％と回答した」と答えたとします。こうした場合，この参加者は，「ニクソン大統領と毛沢東の会談」という出来事について，「実際に起こる確率はかなり低いだろう（10％）」と予測していたわけですが，にもかかわらず，実際にその出来事が起こった後では「自分は高い確率（80％）で起こると思っていた」という（間違った）認識を持っていることになります。つまり，実際はそうではないにもかかわらず「おれ，はじめからニクソン大統領は毛沢東と会談するとおもってた」と考えていることになるわけです。この「10％→80％」というのは極端な例ですが，このように，「実際に起こった

| 2/20（セッション1）「ニクソン大統領は訪中の間に毛沢東と会談する確率は何％と思うか？」といった事前予測を行う | 2/21〜ニクソン大統領の訪中　ニクソンと毛沢東の会談が実施される | 3/5（セッション2）2/20の事前予測で，自分が答えた「ニクソン大統領が毛沢東と会談する確率」を思い出す |

図2-1　フィッシュホフらの後知恵実験の流れ

表 2-1　「訪中について」の「2週間後」の「後知恵」率

グループ1（訪中，2週間後条件）	事後に思い出した確率が実際よりも高かった回答者	事後に思い出した確率が実際よりも低かった回答者	「後知恵」率
実際に起こった出来事について	17	7	70.83％
実際には起こらなかった出来事について	8	15	65.22％

出来事について，事前に予測した確率よりも事後に思い出した確率のほうが大きかった場合」は，「後知恵バイアス」を示したことになります。

　逆に，実際には起こらなかった出来事について，「80％→ 10％」のようになれば，その参加者は実際には高い確率で起こると予測していたにもかかわらず，「おれ，はじめからその出来事は起こらないとおもってた」という「後知恵バイアス」を示したことになります。「訪中について」「2週間後に」自分の回答を思い出す実験の結果はこのようなものでした（表 2-1）。

　この結果を見ると，「実際に起こった出来事」について，実際以上に「おれ，最初からその出来事が起こるとおもってた」と考える傾向を見せた人が 24 人中 17 人いたという結果になっています。もちろん，2週間前に自分が答えた確率を思い出すわけですから，正確に思い出せないのは当然なわけですが，単に「記憶が曖昧である」だけなのであれば，事前の確率よりも事後の回答が大きくなる人と小さくなる人が半々程度になるはずなので，この比率が 50％を越えたならば，参加者が「おれ，はじめからそうなるとおもってた」と考える傾向があった，ということになるわけです。実際にはこの「後知恵率」は，「ニクソンが毛沢東と会談する」のような「実際に起こった出来事」では約70％，「実際に起こらなかった出来事」では約 65％でした。つまり，どちらの出来事についても「後知恵バイアス」が表れていることになります。

　実験者の手元には回答者自身の回答は記録されているわけですから，参加者が「おれ，はじめからそうなると正しく予測できてたんだぜ」と「見栄」を張るために嘘をついてこの結果になったとは考えられません（すぐにバレちゃいますよね）。にもかかわらず，回答がこのような傾向になるということは，回答者は見栄ではなく，本当に心の底から「おれ，はじめからそうなるとおもってた」と思っていると考えられます。つまり，実際は結果を知ってからの「後知恵」で「おれ，はじめからそうなるとおもってた」と言っているのですが，自分ではそれが「後知恵」と気づいていないということであり，これこそが「後知恵バイアス」なのです。

　いかがでしょうか。この実験で観察された参加者の振る舞いは，まさに冒頭のシーンで取り上げた少年のような振る舞いであり，そうした傾向についての研究が心理学で行われていたことに驚く人もいるのではないでしょうか。彼も別に見栄を張ってそう言っているわけではなく，自分では本当に「おれ，はじめからネッシーはいないとおもってた」と思っているのでしょう。きっと。

　上記の結果は訪中の2週間後に自分の回答を思い出す実験の結果ですが，第2セッションを3カ月後，8カ月後に行うとさらにこの傾向は顕著になっており，「訪ソ」について同様の実験を行った場合でもおおむね同じような結果でした。「訪ソについて」「8カ月後に」自分の回答を思い出してもらった条件では「実際に起こった出来事」については85%，「起こらなかった出来事」については72%もの人が「後知恵バイアス」を示したのです。

　こうした結果から，フィッシュホフらは，人は「結果が分かった後では実際以上に『はじめからそう思ってた』と思いがちである」という「後知恵バイアス」という傾向を示し，その傾向は時間が経つにつれ強力になるということを示しました。この研究は後に高名な心理学者となるバルーク・フィッシュホフがまだ学生時代に発表したものであり，今の目で見るといろいろとアバウトであったり，そもそも参加者が少なかったりするような問題点も確かにあるのですが，同様の結

果は後の多くの研究でも再現され，人間の判断における重要な傾向として注目されました。近年に至るまで，さまざまな分野における出来事について人が「後知恵バイアス」を示すことを示した研究がたくさんあります。

　例えば，ブライアントら（Bryant & Brockway, 1997）では，O・J・シンプソン裁判を題材としています。この実験では，裁判の結果が公表される二時間前に「無罪」「第一級殺人」「第二級殺人」の3つの結果になる確率を見積もらせ，裁判の2日後，1週間後に自分の見積もりを思い出させる，という実験を行いました。結果は以下のとおりです（図2-2）。

　この裁判の結果は「無罪」ですので，「後知恵バイアス」の傾向がはっきりとみられることが分かりますね。評決前には「無罪」という判決が出る確率は平均して50%程度にしか見積もられていないのに，判決の2日後にその見積もりを思い出したときには約55%，1週間後に

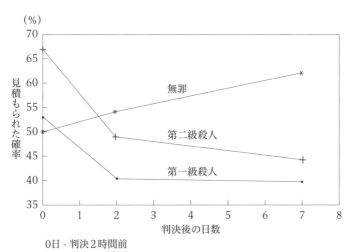

図 2-2　判決前に見積もられた確率と判決後に思い出された確率
（Bryant & Brockway, 1997）

は 60％以上の値にまで上昇しています。つまり，参加者たちが実際は
そうでもないのに，「おれ，はじめから無罪になるとおもってた」と考
えている傾向が表れているわけです。一方で有罪判決のほうを見てみ
ると，例えば「第二級殺人」の場合は，判決前には 65％以上の確率が
見積もられていたのに， 2 日後にその値を思い出したときは 50％弱，
1 週間後には 45％弱にまで減っています。ここでは，実際はそうでも
ないのに，「おれ，はじめから第二級殺人の判決にはならないとおもっ
てた」と考えがちな「後知恵バイアス」の傾向がみられるということ
になります。このように， この研究ではどの条件においても非常にき
れいな「後知恵バイアス」が観察されています。また，「第一級殺人」
の予測についてはそうでもありませんが，「無罪」「第二級殺人」の予
測については判決の直後よりも， ある程度時間が経ったときのほうが
「後知恵バイアス」が強くなるという傾向が出ています。一定の時間を
置くとさらに後知恵バイアスが大きくなるというのは， フィッシュホ
フらの研究と同様の傾向ですが， 多くの後知恵バイアスの研究で同様
の傾向が報告されています。

　また，ブライアントら（Bryant & Guilbault, 2002）では， 実験当
時のアメリカ大統領であるビル・クリントン大統領の弾劾裁判を題材
とした実験を行っています。実験が行われたのは 1998 年， クリント
ン大統領がホワイトハウス実習生だったモニカ・ルインスキーとの不
倫疑惑についての弾劾裁判が行われた前後です。この弾劾裁判で有罪
の評決が下されれば， クリントン大統領はその職を罷免されることに
なるのですが， 結果は無罪でした。ブライアントらはこの出来事を題
材に実験を行いました。表 2-2 がその結果です。

　「有罪になる確率」についてはブライアントら（Bryant & Brockway,
1997）と同様に，「4 日後」から「2 週間後」と時間が経つにつれ「後
知恵バイアス」が増加していることが分かりますね。「無罪になる確
率」についてはちょっと微妙な結果で， 実のところ統計的に有意な差
ではなかったのですが，「有罪」という結果についての「おれ，はじ
めから起こらないとおもってた」という後知恵バイアスに関しては，

表 2-2　クリントン大統領弾劾裁判における見積り
（Bryant & Guilbault, 2002 より作成）

	評決前の見積もり	評決の 4 日後に思い出した自分の確率の見積もり	評決の 2 週間後に思い出した自分の確率の見積もり
有罪になる確率	50.50％	46.53％	42.76％
無罪になる確率	51.12％	55.53％	55.47％

Ｏ・Ｊ・シンプソン裁判の実験と同様の結果であると言えます。

「後知恵バイアス」2 つの実験方法

　ここまで，実際の結果が出たあとで，結果が出る前に自分が見積もった確率を思い出させる実験によって人間が実際はそうでもないのに「おれ，はじめからそうおもってた」と思いがちになるという傾向を示した研究について述べてきました。この実験方法はそうした傾向を示す実験としては非常に明快なので，一般向けの書籍や心理学の概論書などで「後知恵バイアス」について取り上げられるときはほとんどこの形式の実験が引用されますが，実は後知恵バイアスにはもう一つ実験の方法があります。

　例えば，フィッシュホフ（Fischhoff, 1975）では，「グルカ戦争」と呼ばれる，19 世紀に起こったイギリスと「グルカ」というネパールの王朝との間の戦争を題材に取った問題を用いて実験を行っています。ここでは，わざと参加者に馴染みのない歴史上の出来事を取り上げています。

　まず，参加者はこのグルカ戦争が実際に開戦する直前までの状況が書かれた文章を読みました。その後，この戦争の結果として以下の 4 つの結果を示し，「この状況の後，それぞれの結果になる確率はどれほどだと思うか」を見積もりました。

（1）イギリスの勝利
（2）グルカの勝利

（3）膠着状態となり，和平は結ばれない

（4）膠着状態となり，和平が結ばれる

　この戦争はイギリスとネパール王朝の戦争であり，世界史の中でもよく知られた出来事ではないので，実験を行ったアメリカの参加者たちはその結末についてほとんど知りません。なので，過去に起こった歴史上の出来事ではありますが，参加者たちは問題文で描写された状況から4つの結末になる確率がどれほどなのかを「予測」することになります。例えば，開戦までの状況を読んで，「これはイギリスの圧勝だ。とてもグルカが勝てるとは思えない」と考えたとすれば，参加者は（1）の結果になる確率を非常に高く見積もり，他の3つの結果になる確率は非常に低く見積もることになるわけです。

　さて，この実験では参加者を5つのグループに分けます。そのうち1つのグループは，普通に結果を「予測」します。他の4つのグループは，上記の4つの結果のうち一つを「実際の結果はこれである」と説明されたうえで「実際にその結果になる確率の見積もり」をすることになります。「結果を知らされてから『予測』する」というのも何だかおかしな感じではありますが，参加者が見積もるのは「確率（0%〜100%）」ですから，実際の結果が知らされていても，この「予測」に意味がなくなるわけではありません。この戦争の実際の結果は「イギリスの勝利」です。しかし，実際は説明された状況ではイギリスに5%程度しか勝ち目がないような不利な状況だったのに，イギリスにとって奇跡のような幸運が起こって戦争に勝つことができた，ということもあり得るからです。少し分かりづらいので，独立変数と従属変数をまとめます（表2-3）。

　さて，この実験の結果は以下のようなものでした（表2-4）。

　まず，結果を知らされなかったグループを見てみますと，「イギリスの勝利」の確率は平均して33.8%と評価され，「グルカの勝利」の確率は平均して21.3%と評価されています。つまり，結果を知らされない，普通の意味での「予測」をした場合，描写された状況は「イギリ

表2-3　「グルカ戦争」実験（Fischhoff, 1975）の独立変数と従属変数

独立変数		
実際の結果がどうであったのかと知らされるか	知らされない	グルカ戦争の状況について読んだ後で，実際の結果を知らされることなく問題を考える。
	（1）と知らされる	グルカ戦争の状況について読んだ後，「実際はイギリスの勝利だった」と知らされたうえで問題を考える。
	（2）と知らされる	グルカ戦争の状況について読んだ後，「実際はグルカの勝利だった」とウソを知らされたうえで問題を考える。
	（3）と知らされる	グルカ戦争の状況について読んだ後，「実際は膠着状態になり，和平は結ばれなかった」とウソを知らされたうえで問題を考える。
	（4）と知らされる	グルカ戦争の状況について読んだ後，「実際は膠着状態になり，和平が結ばれた」とウソを知らされたうえで問題を考える。
従属変数		
確率の見積もり		（1）〜（4）の結果それぞれについて，そうなっていた確率を0%から100%の値で回答する。

表2-4　「グルカ戦争」実験（Fischhoff, 1975）の確率の見積もり

	各結果が起こる確率の見積もり			
	（1）	（2）	（3）	（4）
結果を知らせないグループ	33.8	21.3	32.3	12.3
（1）の結果となったと知らせたグループ	57.2	14.3	15.3	13.4
（2）の結果となったと知らせたグループ	30.3	38.4	20.4	10.5
（3）の結果となったと知らせたグループ	25.7	17.0	48.0	9.9
（4）の結果となったと知らせたグループ	33.0	15.8	24.3	27.0

ス側がやや有利」程度の評価をされる状況であったということが分かります。

しかし、「イギリスが勝った（1の結果になった）と知らされた」場合はどうでしょう。そのグループの参加者たちは、「イギリスが勝つ」確率は57.2％、「グルカが勝つ」確率を14.3％と見積もっています。つまり、「イギリスの圧倒的有利」と評価しているわけです。「1の結果となったと知らせたグループ」の参加者たちも、もし結果を知らされずに評価していたとしたら「結果を知らせないグループ」の人と同様の評価をしていたはずなので、「イギリスが勝つ」確率の評価の差分である約23％分は「後知恵バイアス」だと考えられます。

言い換えれば、このグループの参加者たちは「おれ、イギリスが勝つという結果を知らなくてもイギリスが勝つと予想できてた」という後知恵バイアスを示したのです。

他のグループでも同様で、（2）〜（4）の（ウソの）結果を知らされたグループでも、その「知らされた結果」についての確率の見積もりが「結果を知らないグループ」よりも高くなっていますね。つまり、「おれ、結果を知らなくてもこの結果になると予想できてた」という後知恵バイアスを示しているわけです。

さらに、この論文の実験2では、「知らされた実際の結果を知らないものとして判断するように」と回答者に注意したうえで回答させていますが、その場合でも実験1とほぼ同程度の強さの後知恵バイアスが起こっています。もちろん回答者はそのような指示がなかった実験1でも、知らされた結果を「脇に置いて」評価する必要があるのですが、念のために実験者のほうから「それをきちんとやりなさい」という指示を出しても後知恵バイアスは軽減されませんでした。

前述したニクソン大統領の中国訪問やO・J・シンプソン裁判の実験のような、自分の過去の見積もりを思い出させるタイプの実験は「memory design」と呼ばれるのに対し、ここで紹介したタイプの実験は「hypothetical design」の実験と呼ばれます。ただ、「memory design（記憶デザイン）」のほうはともかく、「hypothetical design

（仮想デザイン？）」のほうは和訳すると少しピンと来ないので, 以降,「タイプA」「タイプB」の実験と呼ぶことにします（この本の中だけの呼び方です）。

　すでに述べたように, 心理学の概論書などで後知恵バイアスに触れるときにはだいたいタイプAの実験が取り上げられます。なんと言っても, 実験ロジックの分かりやすさと結果のインパクトが違います。タイプBの実験は意図するところがちょっと分かりづらいし, 結果を聞いたときの「人間はこんなふうに考えてしまうものなのか！」というインパクトがタイプAの実験と比べるとどうしても乏しくなってしまいます。

　しかし, 実は研究の数からしたらタイプBの実験のほうが多数派なのです。その理由はいくつか考えられますが, やはり実験がやりやすいことが大きいのでしょう。タイプAの実験の題材は「誰もが関心を持ったテーマで, しかも結果の予想がそれなりに困難である」という出来事である必要がありますが, ニクソンショック, クリントン大統領の弾劾裁判, O・J・シンプソン裁判のような都合のいい出来事がいつもあるとは限りません。また, 参加者が自分の答えを完全に覚えていたら実験になりませんので, ある程度の間を空けて二度, 実験室に来てもらわなくてはならず, 現実的にはなかなか大変です。

　もちろん, 心理学者たちは単に「タイプAの実験は大変だから」という理由だけでタイプBの実験を選んでいるわけではなく, タイプBの実験にはタイプAの実験にない利点があります。タイプAの実験で示された傾向を「おれ, はじめからその結果になるとおもってた」と思いがちである傾向, タイプBで示された傾向を「おれ, 結果を知らなくてもこの結果になると予想できてた」と思いがちな傾向である, と表現しましたが, この2つの表現を見比べて見ると, どちらかというと後者のほうが, 我々が日常的に使う「後知恵」という言葉の意味に近いですよね。つまり, タイプBの実験のほうが, 我々の日常での振る舞いとしての「後知恵バイアス」をよく再現しているとも言えるのです。また, 当然ながらタイプAの実験は参加者の記憶力が非常に

高かったら効果が出ないわけで，どこまでが「記憶」の問題で，どこまでが「判断」の問題なのかが切り分けづらいと言う欠点もあります。タイプ B の実験は記憶は関係ないですから，純粋に参加者の「考え方」の傾向としての「後知恵バイアス」を測ることができるというメリットがあります。

実社会での「後知恵バイアス」とその弊害

　このように，実際は「後知恵」にすぎないのに，自分ではそれに気づかずに「おれ，はじめからそうおもってた」と思ってしまう傾向があることはさまざまな実験で示されています。私が「後知恵バイアス」の社会での実例だと感じたことを挙げます。

　まずはプロ野球の話です。私はかつて大阪を本拠地として存在した球団である大阪近鉄バファローズのファンでした。しかし，その大阪近鉄バファローズは 2004 年にオリックスと合併する形で消滅してしまいます。その流れで，私は消滅した近鉄との入れ替わりで誕生した東北楽天ゴールデンイーグルスに初年度から肩入れしていたのですが，少し気になることがあります。初年度の楽天は 38 勝 97 敗 1 分，勝率 .281 パリーグ最下位という結果に終わったのですが，私が気になるのは，当時のことが語られるときに「誰もが 100 敗を予想した戦力だった」という表現がしばしば使われることです。例えば，初代監督である田尾監督の手腕について，「誰もが 100 敗を予想したような戦力だったんだからあの結果も仕方ない（監督の責任ではない）」といった評価をしばしば耳にします。しかし，当時から肩入れしていた私の記憶では，「100 敗」というのは開幕後，負けが込み始めた時期から言われ始めたことで，開幕前には「合併で士気の上がらないオリックスを抑えて 5 位」というような予想を多く目にしたような記憶があったからです。そこで，当時の雑誌や新聞を調べてみました。

　「週刊ベースボール」の 2005 年 3 月 18 日発売号の評論家の面々の楽天の順位予想は表 2-5 のようなものでした。

　確かに，最下位予想が大多数ではあるのですが，5 位と予想した評

表 2-5　楽天イーグルス創設初年度のペナントレース順位予想
（週刊ベースボール，2005 より）

	1位	2位	3位	4位	5位	6位	評価ポイント
ソフトバンク	17	5	0	0	0	0	127
西武	5	11	4	2	0	0	107
ロッテ	0	5	6	6	3	2	75
日本ハム	0	0	8	11	2	1	70
オリックス	0	1	3	3	9	6	50
楽天	0	0	1	0	8	13	33

※ポイント評価は予想順位を点数化（1位＝6点，2位＝5点，3位＝4点，4位＝3点，5位＝2点，6位＝1点）した合計。

論家もそれなりにいて，明らかに「誰もが 100 敗を予想していた」は誇張であることが分かりますね。

　また，開幕直前（3月22日）の朝日新聞のスポーツ欄での戦力診断は，「岩隈ら投手陣に安定感」という見出しで，このように始められています。「『100 敗する』。そんな発足時の風評は払拭できるにしても，優勝は難しい」。

　この時点で，「『誰もが』100 敗を予想する戦力だった」という事実はなかった，と言えますが，これに続き，「岩隈，ラス，ホッジスに加え，オープン戦で好調だった藤崎，矢野の先発陣は安定している」「中継ぎは有銘が安定しており，小山，マイエット，福盛の継投で逃げ切りを測る」「問題は打撃。破壊力で見劣りする」というような評価が続いています。

　前述したように，私の記憶では「100 敗」というのはシーズンが始まって負けが込み始めてから使われるようになった表現のように記憶していたのですが，これは私の記憶違いで，実際は球団発足当初から言われていたようです。しかし，楽天への移籍を希望した岩隈久志投手が金銭トレードの形で加入し，ゲーリー・ラス（元巨人。前年韓国プロ野球で最多勝），ケビン・ホッジス（ヤクルトで最多勝経験あり）

といった実績のある外国人投手も加入したこと，オープン戦で勝率5割というそこそこの成績を残したことから，「厳しいが戦えないほどではない」という上記のような評価に変わっていったようです。

　私にも記憶違いはありましたが，少なくとも「誰もが100敗を予想していた」という事実はなかった，という私の認識自体は（幸いにして）大きく間違ったものではなかったと言ってよいでしょう。にもかかわらず，現在の視点から当時のことを語る際に「誰もが100敗を予想する戦力だった」という表現が使われるのは，多くの人が「ほぼ100敗」である「97敗」という結果を見て「おれ，はじめから100敗くらいするとおもってた」という「後知恵バイアス」を持ってしまった結果なのではないでしょうか。

　もう一つ，私が「後知恵バイアス」に社会が影響を受けているように感じる例として，「グリーンピア」の問題を挙げます。「グリーンピア」とは，年金の積立金から投資して1980年から1988年にかけて全国に立てられたリゾート施設です。この施設は，当初は好調だったものの，90年代のバブル崩壊に伴い利用者が減少し，最終的には3,862億円もの損失を出して民間に売却されました。年金の積立金からこの莫大な損失を出したとあって，この施設への投資を行った厚生省（当時）は激しい批判を浴び，「年金制度」それ自体の信頼性を損なうものとして，「年金未納」が増える一因ともなりました。「年金の積立金をレジャー施設につぎ込んで損失を出すなんてけしからん」「自分たちの収めた金がそんな無駄遣いがされるようなら年金なんて納めないほうがいい」というわけですね。現在においても，年金制度の問題点を論じる際に「積立金がこんな無駄な使い方をされたことがある」というような事例としてやり玉に挙げられることがあります。

　しかし，その計画が進んでいた当時の世間の反応はどのようなものだったのでしょうか。年金問題について詳しく解説した細野真宏氏の著書『最新の経済と政治のニュースが世界一わかる本！』の中では2つの新聞記事が取り上げられています。その見出しは以下のようなものです。

　　アナ場　旅の宿に「グリーンピア」を　割安の年金保養基地
　　　　　　　　　　　　　　　　　（読売新聞　1988年11月7日付）

　　景気は停滞ムード・・・設備よし割安，公共の施設を狙え　夏休みの
　　予約満杯
　　　　　　　　　　　　　　　　　（日本経済新聞　1992年5月15日付）

　どちらの記事も，見出しだけを見てもグリーンピアを好意的に捉え
ていることが分かりますが，本文でも「私たちが納める厚生年金や国
民年金の積立金で作られたものだから，利用しない手はない（読売新
聞）」「景気の停滞ムードが続き近場, 気軽なレジャーへの志向が高まる
なか，これらの施設は，ますます脚光を浴びそうだ（日本経済新聞）」
といった記述があり,「積立金をリゾート施設につぎ込むなんてけしか
らん」というような論点は見られません。「積立金を投資してリゾート
施設を作る」ということを無駄遣いとは捉えず，むしろ好意的に評価
した記事が少なくとも2つはあったわけです。
　もちろん，探せば批判的な論調の記事もあるかもしれません。しか
し，こうした記事が少なくとも2つはある以上，当時においては「誰
がどう見ても」無駄遣いだ，と思えるような投資ではなかった，とい
うことだけは言えます。3,000億円以上の損失を出したことは事実で
すから批判されること自体は当然ですが，状況が悪くなったのはバブ
ルが崩壊した以降であり，それ以前の状況では「誰がどう見ても無駄
遣い」というような投資ではなかったのですから，それを現在の視点
から「誰がどう見たって無駄遣いじゃないか。そんな無駄遣いをする
年金制度は信頼できない」と批判するのは「後知恵バイアス」の影響
を受けてしまっていると言えます。信頼が落ちてしまうのは仕方ない
にしても，「誰がどう見たって無駄遣いである投資で損失を出す」の
と，「バブル崩壊前はよさそうにも見えたが，バブル崩壊によって無
駄遣いになってしまった投資で損失を出す」のとでは，適切な信頼の
「下げ幅」が全く違いますよね。この場合，後者程度の信頼の「下げ

幅」でなくてはいけません。そうでなくては,「おれ,はじめから無駄遣いになるとおもってた」という後知恵バイアスに捉れ,「不適切なほど過大に信頼を下げる」という不正確な判断をしてしまうことになります。

　もちろん,どちらの場合も,詳細に検討してみるとやはり「100敗してもおかしくない戦力だった」「明らかに無駄遣いだった」という結論になる可能性はあります。私はどちらもそうは思いませんが,そこは問題ではありません。仮に本当に「初年度の楽天イーグルスの戦力が100敗して当然のものだった」り,「グリーンピアへの投資が大きな損失を起こすことは必然だった」のだとしても,そのことが「誰の目から見ても明らかだった」という事実はなかったということはこの節で示した通りですが,にもかかわらず「誰の目から見てもその結果になることは明らかだった」という誤った認識を持ってしまうことが「後知恵バイアス」なのです。

　ここでは私が思い当たった2つの事例を挙げましたが,他にも,実社会で多くの人が「後知恵バイアス」に捉われてしまった事例は探せばいくつも見つかるでしょう。こうした例のように,社会全体が「後知恵バイアス」に捉われてしまうと,大きな社会的損失が起こってしまう可能性があります。

　何度も繰り返しになりますが,「後知恵バイアス」はこのような表現ができます。

・「おれ,はじめからその結果になると思ってた」と思いがちである傾向
・「おれ,結果を知らなくてもこの結果になると予想できてた」と思いがちである傾向

　こうした傾向は,言い換えてみれば「実際は結果論にすぎないのに,自分では結果論でものを言っていることに気付いていない傾向」とも表現することができます。

　「結果論である」ということは百も承知のうえで,「あえて」結果論

で「あの時どうすればよかったか」を考えることは無駄ではありませんが，後知恵バイアスの問題は「自分が結果論でものを言っていることに気づいていない」というところにあります。

　グリーンピア問題に対する批判が後知恵バイアスに基づいているとしたらどうでしょう。これは私がそう思っているだけなので異論はあるかもしれませんが「もしそうだとしたら」という仮定で考えてみると，「後知恵バイアス」が社会的に大きな問題を引き起こしたことは容易に想像できるでしょう。実際は結果論であるのに，それに気づかずに「どうしてこんな誰がどう見ても無駄遣いだと分かる使い方をしたのか」という批判がされたことで，年金制度への信頼が必要以上に低下し，年金未納問題が拡大したことになるからです。

後知恵バイアスは克服できるか

　さて，このように「後知恵バイアス」は大きな社会的損失をもたらしてしまう可能性を秘めている傾向であるため，「どうすればこのバイアスを克服できるのか」は重要な問題です。すでに紹介した実験から言えることは，単純に「後知恵にならないように気をつける」だけでは克服できないということです。タイプBの実験方法を思い出してください。結果を知らされたグループの参加者は，当然ながら知らされた結果のことは「脇に置いて」それに影響されないように気をつけながら確率の見積もりを行うことになるのですが，それでも「後知恵バイアス」は観察されているのです。紹介したフィッシュホフの実験2では「後知恵で判断しないように気をつけよ」といった教示がされているのですが，それでも後知恵バイアスが現れたのはすでに述べたとおりです。さらに，同論文の実験3では，参加者に「その結果を知らない人だったらどう答えるのかを想像して答えよ」という指示をして参加者の「客観的な」評価を促したのですが，それでも参加者らの「後知恵バイアス」は消失しませんでした。

　つまり，単純に「後知恵でものを言わないように気をつける」だけでは後知恵バイアスは克服できそうもありません。では，どうすれば

克服できるでしょうか。まず思いつくのは，「判断する分野についての専門知識を持っていれば後知恵バイアスの影響を受けなくて済むのか？」ということです。例えば，前述のO・J・シンプソン裁判についての判断で，弁護士や検事といった法律の専門家ならばその専門知識によって「後知恵バイアス」の影響から逃れられるのでしょうか。

　実は，専門知識による後知恵バイアスの克服を検討した研究は結果が一貫していません。専門知識のある人は，専門の分野に関する判断については「後知恵バイアス」を見せない，あるいは「素人」の人に比べて後知恵バイアスが小さくなる，ということを示した研究も確かにあるのですが，専門知識の効果がなかったことを示した研究結果も多く，専門知識が後知恵バイアスを減らせるという結果の論文でも，それは限られた状況だったりすることが多いのです。例えば，ドーソンら（Dawson et al., 1988）の実験では，CPC（clinico-pathological conference；臨床病理研究会）と呼ばれる医療の現場での行為を題材とした後知恵バイアスの研究を行っています。CPCでは，主治医の診断について，研究会の参加者がその診断は妥当であったのかの論評を行う，といったことがされますが，ドーソンらは実際のCPCに割り込む形でタイプBの実験を行いました。

　この実験では，回答者が「経験豊富な医師」「経験の少ない医師」の２グループで，判断を求めた症例として「診断の簡単な症例」「診断の難しい症例」の２種類を用意して実験を行っています。

　その結果はちょっと奇妙なもので，「経験の乏しい医者」の場合，どちらの症例でも「後知恵バイアス」を示しました。では，「経験豊富な医者」の場合はどうか，ということなのですが，「簡単な症例」に関しては「経験の少ない医者」と同等の「後知恵バイアス」を示していたのですが，「経験豊富な医者が難しい症例を判断した」場合のみ「後知恵バイアス」が消失したのです。

　つまり，この実験結果をまとめれば「専門的な経験によって後知恵バイアスを克服することはできたが，それは難しい問題を考えるときのみだった」ということです。奇妙な話に思えますが，結果はかなり

明白にそのことを示しています。専門知識による後知恵バイアスの克服を示した実験にはこうした中途半端な結果のものが多いのです。

　序章で少し触れましたが，メタ分析（メタアナリシス）と呼ばれる研究法があります。これは「メタ」という名のとおり，言ってみれば「研究の研究」のような研究法です。具体的には，同じ分野（この場合は後知恵バイアス）の研究をたくさん集め，それらの研究結果をまとめて分析する研究方法です。仮に後知恵バイアスの論文を100本集めてメタ分析を行ったとしましょう。そのうち20本で専門知識が独立変数として扱われていたとします。もちろん，その20本の論文は実験方法も分析法も違うので，単純に足し算するというわけにはいきませんが，それらのデータを決まった手法に従って統合し，「過去の研究の全体的な傾向として，専門知識の効果はどれほどある（or ない）だろうか」ということを分析する。こうした研究手法が「メタ分析」です。これは説明のためのものすごくアバウトな説明にすぎませんが，実際の後知恵バイアスのメタ分析の結果はどうでしょうか。後知恵バイアスのメタ分析をした論文として1991年のクリステンセン - サランスキ Christensen-Szalanski, J. J. らのものと，2004年のギルバート Guilbault, R. L. らのものの2つが発表されています。そのうち，「専門知識」の効果についての結果に注目すると，前者では「専門知識」は「後知恵バイアス」をわずかながら減少させる効果があると分析されています。しかし，より多くの研究を集めて分析したギルバートらの分析では専門知識と後知恵バイアスとの関係はない，との分析が報告されているのです。

　こうした研究から考えると，専門知識がある人はない人に比べて「いくらかまし」である可能性はありますが，結局のところ専門知識があっても「後知恵バイアス」の影響から逃れるのは難しい，ということになりそうです。

　単純に気をつけるだけでは克服できず，専門知識によっても克服できないとしたら，その影響から逃れるためには何か，特別の工夫が必要になります。しかし，実験手続き上の工夫で後知恵バイアスの克服

を試みた多くの研究ではその試みは失敗しており，後知恵バイアスの克服しづらさを再確認するだけの結果になってしまっているのです。

一応，スロヴィックら（Slovic & Fischoff, 1977）では，「実際にはならなかった結果になったとすれば，それはなぜか」を考えさせるという手続きで，後知恵バイアスが消失したと報告されています。この研究では，「ストームフューリー計画」という，台風の中心にヨウ化銀を散布することで台風の勢力を弱めようとしたアメリカの計画を題材とし，この計画が成功する確率はどれほどかを見積もらせるというタイプBの後知恵バイアスの実験を行いました。つまり，後知恵条件では成功，あるいは失敗という結果を知らされたうえで成功，失敗の確率を見積もるという課題を行うということになります。ただし，この実験では確率を見積もらせるとともに，計画の結果について「なぜその結果になったのか」を書かせるという手続きを行っています。これがこの実験のミソです。

実験1では知らされた実際の結果についてのみ理由を書かせています。この場合は後知恵バイアスは消失しませんでした。しかし，両方の結果について理由を書かせた実験2では，後知恵バイアスは消失したのです。つまり，「計画が成功した」と知らされた参加者が，「計画が失敗するとすれば，それはなぜなのか」という理由を考えさせたうえで確率を見積もると後知恵バイアスは消失した，ということが報告されています。

この「実際にはならなかった結果になったとすれば，それはなぜか」を考えさせるという手続きは後知恵バイアスを減少させることに成功したほぼ唯一と言っていい手続きなので，心理学の概論書などで後知恵バイアスが紹介される際にはよく取り上げられます。

しかし，どうでしょう。これを聞いて，「おお！　そんなやり方で後知恵バイアスを克服できるのか！　この方法は使えるぜ！」と思えるでしょうか。どうも微妙な気がします。

例えば，「ヨウ化銀の散布で台風が弱まった（実験は成功した）」という結果を知らされたうえで（後知恵で）確率を見積もった参加者が

「成功する確率」70%,「失敗する確率」30%と見積もったとしましょう。実験2では,この参加者は「実験が失敗する理由」を考えよ,と指示されます。参加者がこの指示に従って「失敗する理由」を考え,いくつか説得力のある理由を思いついたとしたら,当然ながら「失敗する確率の見積もり」は上がるはずです。そうなれば,これも当然ながら「成功する確率の見積もり」も下がるはずです。その結果,例えば「成功する確率」60%「失敗する確率」40%という見積もりになったとしたら,後知恵バイアスは減少したことになります。

　しかし,これは「後知恵バイアス」による高い見積もりを,全く別の理由によって低いほうに「押し戻した」にすぎません。「後知恵バイアスに捉われない正確な判断ができるようになった」わけではないのです。なので,このようにちょうどいい塩梅に「押し戻して」,結果的に後知恵バイアスが減少すればまあ結果オーライなのですが,「失敗する理由」を考えた際に説得力のある理由がいくつも思いついて,逆に成功の確率を低く見積もりすぎてしまう可能性もあります。「後知恵バイアスに捉われない」判断ができるようになっているわけではなく,単に別の理由で「押し戻して」いるだけなので,ちょうどいい具合に「押し戻せる」とは全く限らないわけです（図2-3）。

　私が楽天イーグルスの初年度の評価について記憶違いをしていたのはすでに述べたとおりですが,この記憶違いについてもっと正直に言えば,私は楽天イーグルスの初年度の順位予想は「『合併で士気が上がらない』といった理由で最下位の予想は楽天よりもオリックスのほうが若干ながら多かった」ぐらいの印象を持っていました。しかし,それはどうも記憶違いのようで,調べてみると「誰もが最下位予想」というほどでは確かになかったのですが,やはり楽天を最下位に予想する声が多数派だったのです。つまり,私は実際よりも,かなりイーグルスに対して甘めの予想がされていたかのような思い違い,言ってみれば「逆後知恵バイアス」とも言えるような思い違いをしていたのです。これは,もしかしたら後知恵バイアスについての知識があった私が,後知恵バイアスを警戒しすぎてしまい,結果として後知恵バイア

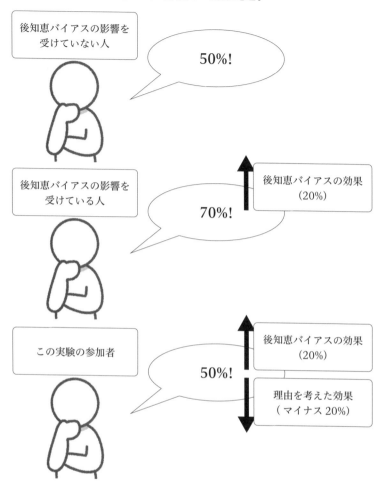

「理由を考えさせる」手続きで後知恵バイアスが「消失」しても，後知恵バイアスの影響を受けなくなったことを意味しているのではない。

図 2-3　Slovic et al.(1977) の手続きによって起こった後知恵バイアスの減少

スとは逆方向への思い違いをしてしまったのかもしれません。

「実際にはならなかった結果になったとすれば，それはなぜか」を考えさせる手続きのような，後知恵バイアスを「押し戻す」やり方ではこのような「押し戻しすぎ」が起こってしまう可能性があるのです。

もしも，私が後知恵バイアスの知識によって認識を「押し戻した」結果，このような思い違いが生まれてしまっていたのだとしたら，確かに後知恵バイアスは克服できたものの，別に正確な認識をできていたわけではないことになりますので，それでは意味がないですね。

そういうわけで，唯一後知恵バイアスを減らすことに成功しているとされるこの手続きも，文字通りの意味で「後知恵バイアス」を「克服」しているのかと言われると微妙です。

と，ここまで要するに「後知恵バイアスは克服できません」という夢も希望もないことを延々述べてきたことになるのですが，本当に「夢も希望もない」のでしょうか。

そこまで悲観的になることもないかもしれません。そもそもの問題として，後知恵バイアスは思考バイアスとしては効果の大きさがそれほどでもないのです。前述のO・J・シンプソン裁判を題材とした実験結果を見ると，とてもはっきりした「後知恵バイアス」が観察されているように見えますが，実はここまではっきりときれいに後知恵バイアスが観察される実験はむしろ稀です。クリントン大統領の弾劾裁判を使った実験では統計的に有意だったのは「有罪になる確率」の見積もりのほうだけでしたが，そちらでさえ約50%→約43%という程度の変化で，この結果を「おれ，はじめから有罪になるとおもってた」と表現するのは少し大げさですね。この実験も題材の分かりやすさからよく引用される実験ですが，統計的にも印象的にもかなり微妙な結果と言えます。実際はこの程度の微妙な結果の後知恵バイアスの研究も結構あるのです。前述した2つのメタ分析の論文でも，「後知恵バイアスの効果量は小さい」との結論が出されています。

とはいえ，そこまで楽観するわけにもいきません。問題は，多くの研究で共通して観察されている「時間が経つと後知恵バイアスは大きくなる」という傾向です。時間が経てば経つほど，「結果が分かる前には自分はどう考えていたか」という正確な記憶は薄れていくはずなので，当たり前といえば当たり前の傾向ではあるのですが，もしも，後知恵バイアスが何年にも渡って増加していくものだとすれば，現実の

社会で起こる後知恵バイアスは実験室で観察されるものよりも大きくなる可能性があります。

　さらに，一人ひとりの持つ「後知恵バイアス」はわずかなものであったとしても，それが社会の中で増幅されていく可能性は考えられます。例えば，楽天イーグルスの初年度についての後知恵バイアスの影響を受けた人が「誰もが100敗を予想した戦力だった」と口にすると，当時を知らない人は「発足当時の楽天イーグルスは誰もが100敗を予想した戦力だったらしい」と思ってしまいます。当時のことを知らない人は当然「後知恵バイアス」は持ちようがないわけですが，結果的に「後知恵バイアス」の影響を受けた人と同じ認識を持ってしまうわけです。さらにその人が「誰もが100敗を予想した戦力だった（らしい）」というフレーズを使うと，さらにそれを聞いた人が……というような，「後知恵スパイラル」とでも言うようなものが起こってしまう可能があるのです。

　マスコミはとかく事件，事故，災害などを紋切型に，大仰に表現するものであり，この例で言う「100敗」に当たるようなインパクトのある伝わりやすい表現が多用されます（「信じられない杜撰さ」,「あきれた実態」「あ然とする対応」など）。そうなると，こうした「後知恵スパイラル」が起こる危険性は高いと言えます。仕方のないことではありますが，新聞記事やTV番組のコメンテーターの発言などは「後知恵バイアス」にあまりにも無警戒であり，見ていてハラハラすることがあります。

　私が特に気になるのは，マスコミが事件や事故を報じる際に頻繁に使用する「なぜ防げなかったのか」という表現です。この問いかけ自体は本来は悪いものではありませんが，その問いに答えようとする際にはほぼ必然的に「後知恵バイアス」の影響を受けてしまう，というのはここまでの話を聞いた人には容易に想像できるでしょう。同様に，「対応が後手後手だ」という表現も批判の文脈としてよく使われますが，この批判の中には本質的に「後知恵」が含まれてしまっており，「後知恵バイアス」の影響を受けずにそういった批判をすることはほと

んど不可能でしょう。

　どちらの表現も,「後知恵にすぎない」ということを百も承知のうえ
で使うのならばそれはそれでまあよいのですが，どうもそういうふう
には見えない使われ方をすることがほとんどです。「後知恵バイアス」
という心理学の知見は知らなくとも,「後知恵」という言葉は普通の日
本語としてあるわけですから,「これって後知恵じゃないの？」と自問
自答するような，いくらかの警戒心は持っていてほしいものです。

「おれ，はじめからそうおもってた」という事例に出会ったら

- 多くの人が実際はそうでもないのに「おれ，はじめからO・J・シンプ
  ソンが無罪になるとおもってた」と間違った認識をしていた実験結果を
  思い出そう（Bryant & Brockway, 1997）
- 専門知識を持っていても「おれ,はじめからそうおもってた」という間
  違った認識を克服できないことを思い出そう（Guilbault et al., 2004）
- 「おれ，はじめからそうおもってた」という間違った認識から逃れる方
  法は非常に限られることを思い出そう（Slovic & Fischoff, 1977）

引用文献

Bryant, F. B. & Brockway, J. H.（1997）. Hindsight bias in reaction to the verdict in the OJ Simpson criminal trial. *Basic and Applied Social Psychology*, 19（2）, 225-241.

Bryant, F. B. & Guilbault, R. L.（2002）. "I Knew It All Along" Eventually: The Development of Hindsight Bias in Reaction to the Clinton Impeachment Verdict. *Basic and applied social psychology*, 24（1）, 27-41.

Christensen-Szalanski, J. J. & Willham, C. F.（1991）. The hindsight bias: a meta-analysis. *Organizational behavior and human decision processes*, 48（1）, 147-168.

Dawson, N. V., Arkes, H. R., Siciliano, C., Blinkhorn, R., Lakshmanan, M., & Petrelli, M.（1988）. Hindsight bias: an impediment to accurate probability estimation in clinicopathologic conferences. *Medical Decision Making*, 8（4）, 259-264.

Fischhoff, B.（1975）. Hindsight is not equal to foresight: The effect of outcome knowledge on judgment under uncertainty. *Journal of Experimental Psychology: Human perception and performance*, 1（3）, 288.

Fischhoff, B., & Beyth, R.（1975）. I knew it would happen: Remembered probabilities of once-future things. *Organizational Behavior and Human Performance*, 13 (1), 1-16.

Guilbault, R. L., Bryant, F. B., Brockway, J. H., & Posavac, E. J. (2004). A meta-analysis of research on hindsight bias. *Basic and applied social psychology*, 26 (2-3), 103-117.

Slovic, P., & Fischhoff, B. (1977) . On the psychology of experimental surprises. *Journal of Experimental Psychology: Human Perception and Performance*, 3 (4), 544.

細野真宏（2010）最新の経済と政治のニュースが世界一わかる本！．文藝春秋．

*　　*　　*

藤子・F・不二雄（1975）ドラえもん，6巻，「ネッシーがくる」，p.129, 131（てんとう虫コミックス）小学館．

第 2 章

賭博者の錯誤の話

ギャンブラーだけじゃない「ギャンブラーの誤り」

サッカー世界 Jr ユース大会決勝戦，日本 VS 西ドイツ。全日本のゴールキーパー若林源三と西ドイツのエースストライカー，カール・ハインツ・シュナイダーは西ドイツのクラブチームでのチームメイトだった。若林は日本では「ペナルティエリアの外からは決してゴールを許さない」という伝説を持っていたが，シュナイダーの必殺シュート，ファイヤーショットは練習ではペナルティエリア外からでも 2 分の 1 の確率で若林からゴールを奪ったという。そしてこの試合中すでに若林がペナルティエリア外からのファイヤーショットを 1 本止めている状況で，2 本目のファイヤーショットが放たれた。

「確率からいうと
これはきまる !?」

高橋陽一／ジャンプコミックス『キャプテン翼』35 巻 p.89 より／集英社
© 高橋陽一・集英社

「賭博者の錯誤」とは何か

　さて，ここで全日本 DF の次藤は「確率からいうとこれはきまる !?」と叫んでいます。2 分の 1 の確率で決まるシュートがすでに 1 本防がれているのだから，確率通り順当に行けば 2 本目は決まるだろう，というわけですね。結果的にこのシュートは止められるわけですが，止められたシュナイダーは「さすが若林，実戦では練習以上の力を出す」と感心しています。練習では 2 分の 1 の確率で決められていたシュートを 2 発続けて打たれたのに 1 本も決まらなかったのだから，若林は練習以上の力を発揮している，と解釈しているわけですね。

　しかし，確率論の知識がある人なら，この次藤，およびシュナイダーの考えは間違っていることはお分かりでしょう。確率的には，ここまでどんな結果が出ていようが次の結果に影響することはなく，確率は常に 2 分の 1 だからです。次藤の言うように，「確率からいうと」決まることが順当であるわけでもないし，若林が 2 本続けて止めたからといって，別に「練習以上の力を発揮した」というわけでもないのです。

　例えばコイントスならば，表と裏が出る確率は 2 分の 1 なので，このファイヤーショットの決まる確率と同じように考えられますが，裏が何回出た後だろうと，表が出る確率は変わらず常に 2 分の 1 です。裏がたくさん出た後だからといって，「帳尻を合わせて」あるいは「バランスを取って」表が出やすくなったりはしないのです。コインが今までに出た面を記憶できるわけではないのですから，これは当たり前ですよね。

　これは確率論の初歩の初歩であり，高校生で習う程度の話なのですが，この発言をした時の次藤やシュナイダーは当時 15 歳（！）なので，間違えるのは仕方ないかもしれません。しかし，このような，確率が「帳尻を合わせる」「バランスを取る」ものであるかのように考えてしまう間違いは教養を持った大人であってもごく普通にやってしまう，「よくある間違い」であることが昔から知られています。

　例えば，野球中継などを見ていると，高打率の打者が 3 打席凡退した後の打席で，解説者やアナウンサーが「ここまで凡退しているだけにそろそろという怖さがある」などと話したりするのをよく聞きます。「10 回に 3 回ヒットを打つ打者が 3 打席凡退しているのだから，そろそろ『帳尻を合わせて』ヒットを打つ確率は高いだろう」というわけです。しかし，すでに述べたように確率論的にはいくら凡退した後でもその後のヒットを打つ確率は同じであり，「そろそろという怖さ」はないはずなのです。もちろん，ヒットを打つ確率は試行（この場合は打席）ごとに完全に独立した確率的事象ではありませんから，「3 打席は凡退したが凡退した打席の中でタイミングを修正したから次の打席は怖い」というようなことは実際にあるのかもしれません。とはいえ，中にはそういった間違いとまでは言えないニュアンスで言われることがあるとしても，多くの場合はファイヤーショットの成否に対する次藤の発言と同じような（間違った）意味合いで「そろそろという怖さがある」という発言がされているように思います。先発投手がすでに替わっていたりする場合は前の打席でのタイミングの修正などはあまり関係がないはずですが，そういった状況でも「そろそろという怖さがある」という発言はされるからです。

　また，このような記事もあります（2014 年 11 月 28 日，ニッカンスポーツ）。

　　浦和監督「負け続くと勝つ確率高くなる」
　　首位浦和は 28 日，鳥栖戦（29 日，ベアスタ）に向けて前日練習を行った。紅白戦では李の 1 トップに，2 列目は柏木と梅崎。右サイドには関根が入ったが，試合では平川が予想される。鳥栖では 2 シーズン連続で 33 節に敗れており，昨季は優勝の可能性がゼロになった因縁の地でもある。ペトロビッチ監督は「これまで負けているのは知っている。ただ数学上の確率から，負けが続くと勝つ確率が高くなるということ。今週も集中したいいトレーニングが出来た」と笑顔を見せた。

　……これはフォローのしようがありませんね。何しろ，「数学上の確

率から」と言ってしまっています。このコメントをしたペトロビッチ監督は，この記事の前年である 2013 年に浦和レッズの監督に就任すると，2012 年には 15 位だったリーグ成績を 3 位まで押し上げた手腕を持つ優秀な監督ですが，そんな百戦錬磨のペトロビッチ監督でさえもこのとおりなのですから，中学生の次藤やシュナイダーが間違えてしまうのも致し方ないことでしょう。

　とはいえ，別に野球の解説者やペトロビッチ監督を批判したいわけではありません。このような，確率が「帳尻を合わせる」ような性質のものであるという誤解は人々の間に広く浸透したごく一般的なものだからです。なにしろ，初期の確率論の発展に寄与したフランスの数学者ラプラスが，心理学という分野が生まれるよりも前の 1814 年にこのような言葉を残しているのです（Laplace, 1814 ／邦訳, 1997）。

> 　フランス富くじにおいてある番号が長いあいだ出ていないとき，大衆はこぞってその番号に賭けようとする。彼らは，その長いあいだ出ていない番号が次の抽選で他の番号より優先して出るだろうと考えるのである。このようにありふれた誤りは，わたしには，錯覚に基づくものであり，それによって無意識的に事象の源に遡っているのだと思われる。例えば，「表か裏か」のゲームで十回続けて表が出ることはきわめてありそうにない。表が九回続けて出たときでもなおわれわれを驚かせるこのありそうになさが，十回目の試行では裏が出るだろうとわれわれに信じさせるのである。しかし，このように考えることはおよそ的はずれである。

　要約すれば，くじやコイントスについて確率が「帳尻を合わせる」かのような，次藤やペトロビッチ監督と同じ誤解をしている人が多い，ということを指摘して「全く困ったもんだぜ」というようなことを言っているわけです。

　このような誤解は，現在では「賭博者の錯誤（gambler's fallacy）」という名でよく知られています。こうした誤解は日常のあらゆる場面でみられ，別にギャンブルの文脈に限った話ではないのですが，この誤解はギャンブラーの判断に特に大きな影響を与えるのでそう呼ばれ

るのでしょう。

実証実験としての「賭博者の錯誤」

　こうした誤解は経験的に「あるある」と言われているだけではなく，実際に人がそうした行動を取ることを示した調査研究もたくさんあります。

　たとえば，クロットフェルターらの 1993 年の調査研究（Clotfelte & Cook, 1993）はメリーランド州で行われていた「ナンバーズ」形式のくじを題材にしています。このくじは 3 桁の数字を書き，数字がぴったり当たれば 500 倍，順不同で当たれば 80 倍の額が返ってくるというくじですが，クロットフェルターらはくじの主催者から提供されたデータをもとに，ある数字が当たり番号になる前と後とで，その数字に賭けられる頻度がどう変化するのかを調べました。すると，当たった直後はその数字に賭けられる頻度が下がるものの，それは一時的でだんだん戻ってきていたことが分かりました。つまり，ある値が「当たり」となった直後には確率が「帳尻を合わせて」同じ数字は出ないようになるだろう，という考え，すなわち「賭博者の錯誤」がくじの購入者の中にあったということになります。

　また，テレル（Terell, 1994）では，ニュージャージー州で行われていたくじの賭けの傾向について調べています。こちらのくじもクロットフェルターらが調べたのと同様，くじを一本 50 セントで購入し，0 〜 999 の数字の中から一つを選ぶ方式のくじですが，配当金が固定でなく，当たった人が少なければ少ないほど配当が多くなる，パリミュチュエル方式という形式のくじになっています。この方式のくじの場合は「配当金が大きければ大きいほどその数字に賭けた人が少ない」ということが分かるので，クロットフェルターの研究のように主催者にデータの提供を求めなくても調査は可能です。以下がその結果です（表 3-1）。

　さて，このくじ全体の平均払い戻し額は表のとおり，約 260 ドルです。しかし，1 週間以内に同じ番号が当たり番号になっていた場合の

表 3-1　ナンバーズくじの払い戻し金額（Terell, 1994 より作成）

全ての回の払い戻し額の平均	262.79 ドル
1 週間以内に同じ当たり番号が出た番号への払い戻し額の平均	349.06 ドル
1～2 週間以内に同じ当たり番号が出た番号への払い戻し額の平均	349.44 ドル
2～3 週間以内に同じ当たり番号が出た番号への払い戻し額の平均	307.76 ドル
3～8 週間以内に同じ当たり番号が出た番号への払い戻し額の平均	301.03 ドル

払い戻し額は約 350 ドルです。つまり，他の数字と比べてその数字に賭ける人はかなり少なかったということになります。「最近この数字が当たり番号になったばかりだから，しばらくはその番号が当たり番号にはならないだろう」という，「賭博者の錯誤」が，くじの購入者たちにあったと考えられるわけです。以降，時間が経つと少しずつ払い戻し額は少なく，つまりその数字に賭ける人は多くなっているわけですが，3～8 週間という時間が経っても，まだ平均の払い戻し額よりは高い 301.03 ドルとなっており，いくらかの「賭博者の錯誤」が残っていることが見て取れます。

　また，クロウソンら（Croson & Sundali, 2005）では，実際のカジノの防犯カメラの映像から，ルーレットの賭けの傾向を調べています。ルーレットにはさまざまな賭け方があるので，この論文ではそれぞれの賭け方に関するさまざまな分析が載せられていますが，ここではもっとも分かりやすい「赤」「黒」の賭けの傾向の結果を紹介します（図 3-1）。

　このグラフの横軸の数字（1～6+）は，「そこまで何回同じ結果が出たか」を表しています。そして，黒い帯が，「前と違う結果に賭けられる頻度」，白い帯が「前と同じ結果に賭けられる頻度」を表しています。つまり，グラフの一番左の部分は，数字が「1」ですから，赤か黒の結果が一回だけ（連続せずに）出た状況で，前と違う結果に賭け

賭けの頻度

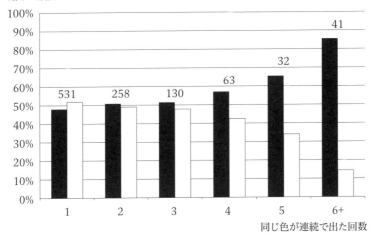

図 3-1　ルーレットの賭けの傾向（Croson & Sundali, 2005）
注：帯の上の数字は状況の発生数

られる頻度が 50％よりちょっぴり少なく，前と同じ結果に賭けられる
確率が 50％よりもちょっぴり多い，という結果が見て取れます。「賭
博者の錯誤」が観察されるとしたら，「前と違う結果のほうが出る確率
が高い」と思うはずなので，ほんの少しとはいえ「前と同じ結果」の
ほうに賭けられる頻度が多いというこの結果は，この状況では「賭博
者の錯誤」が観察されなかったことを示しています。1/2 の確率で出
る『黒』が一回出なかったのだから，２回目は「確率からいうと次は
黒が出る !?」という，冒頭で紹介した次藤のような考え方はさすがに
していないようですね。

　「２」の場合はどうでしょう。グラフのこの部分は，赤か黒の結果が
２回続いた後で，その２回続いた結果と同じほうに賭けられる頻度と
違うほうに賭けられる頻度を表しています。わずかながら黒い帯のほ
うが高くなっていますので，一応「賭博者の錯誤がみられた」と言え
なくもないのですが，その差はわずかであり，統計的にも有意ではあ
りません。しかし，この黒い帯と白い帯の差はグラフの下の数字，す

なわち「ここまで何回続けて同じ目が出たか」が大きくなるにつれて広がっていることは見てわかりますね。同じ目が5回続いた後は，逆の目に賭けられる確率は約65％，6回以上続いた後の場合は85％にまでなっています。もちろん，以前に述べたように実際は同じ目が何回続こうが，次に赤が出る確率も黒が出る確率も1/2で変わりないのですが，カジノでルーレットをやっていた人たちはそうは考えていなかったという傾向が見て取れます。

　これらの調査のいずれにおいても，まさにラプラスが19世紀にすでに指摘していたとおりの傾向がみられたわけです。おそらくラプラスもこれらの研究のような統計を取った上でその指摘をしたわけではなく，あくまで自分の経験からの主張にすぎなかったのでしょうが，このようにきちんと統計を取ってみても，やはりラプラスの指摘したとおりの傾向が現代においても実際に起こっていることが確認できたわけです。

賭博者の錯誤と代表性ヒューリスティック

　さて，前述のように「賭博者の錯誤」という過ちを人間が犯しがちである，ということは200年以上前から指摘されていたのですが，問題は「なぜ」このような過ちを犯してしまうのか，ということです。考えてもみてください。確率的事象，たとえばコイントスが「帳尻を合わせて」「バランスをとって」表がたくさん出た後に裏が出やすい，ということを信じるためには，「コインが出た面を覚えている」ということを仮定しなければいけません。これは相当無茶な仮定で，「あなたはコインが出た面を覚えていると思いますか？」と尋ねたら，おそらくほとんどの人は否定するでしょう。ところが，そうした仮定をしなければあり得ないはずの，確率が「バランスを取る」「帳尻を合わせる」という考えは多くの人がそれほど疑いもせずに持ってしまうのです。実に不思議なことですね。

　この疑問に対する一定の答えが心理学の立場から示されたのは1970年代のことでした。後にノーベル経済学賞を受賞することにな

るダニエル・カーネマン Kahneman, D. とその共同研究者であるエイモス・トヴェルスキー Tversky, A. は「代表性ヒューリスティック」という概念で「賭博者の錯誤」が起こる理由を説明しました。

　代表性ヒューリスティックは別に「賭博者の錯誤を説明するため」の概念ではなく，確率や頻度に対する判断として人間が普段使う方法として指摘されたものです。代表性ヒューリスティックを『心理学辞典』（有斐閣）で調べると，このように書いてあります。

　　　　ある事象が特定の「カテゴリー」に属するかどうかの「確率」を，
　　　その事象がカテゴリーを見かけ上よく代表しているか否かに基づい
　　　て「判断」する直観的方略のこと。

　……なんだかよく分かりませんね。しかし，別に難しいことを言っているわけではありません。たとえば，目の前に大学生を一人連れてこられて，「この人が体育会系である確率はどれほどだと思いますか？」と尋ねられたと思ってください。あなたはどう判断するでしょうか。おそらく，目の前の人物が，一般的な体育会系のイメージにどれほど合致しているかで判断することでしょう。筋肉質でがっちりしていたり，日焼けしていたり，坊主頭だったりしたら「体育会系であるという確率」は高い，と判断しますね。つまり，「目の前の大学生」という「事象」が「体育会系」という「カテゴリー」に属している確率を，目の前の事象（大学生）がカテゴリー（体育会系）を見かけ上よく代表しているか（典型的か），によってその確率を判断しているということになります。この判断方法が代表性ヒューリスティックです。辞典の記述では何やらややこしいことを言っているようですが，要するにそういうことです。当たり前といえば当たり前の判断ですね。

　もちろんこの考え方は正確なデータや確率論に基づいたものではありませんので，間違えることもあります。しかし，我々が日常で直面する全ての問題について，正確なデータや確率論に基づいて考えるのは絶対に無理ですので，多くの場合こうした「直感的方略」で考え，答えを出します。「ヒューリスティック」というのはこの「直感的方略」

のことで,「代表性ヒューリスティック」は「人は多くの場合,こうした問題に対してこういった直感的な方法(代表性による判断)で答えを出しているのだ」ということを指摘した概念なのです。この「体育会系」問題の場合は,この「代表性ヒューリスティック」の考え方でだいたい合っているでしょうし,日常における多くの場面でこうした推理の仕方は通用します。「代表性ヒューリスティック」は,完全に正確な考え方とは言えませんが,「正確なデータに基づいた確率論的な判断」が不可能なとき(ほとんどの場合はそうですね),代わりに使うやり方としてはなかなかの「使える」やり方なのです。

しかし問題は,こうした「代表性に基づく判断」が通用しないような場面でも,人はこの方法で判断してしまい,結果として間違った判断をしてしまうということです。そのことを示す問題として,いくつかの問題が考案されています。

まずは,この問題を考えてみてください。これは,「リンダ問題」と呼ばれる心理学の世界で有名な問題です(Tversky & Kahneman, 1983)。

> リンダは31歳,独身で,意見を率直に言い,また非常に聡明です。彼女は哲学を専攻していました。学生時代,彼女は差別や社会正義の問題に深く関心を持ち,反核デモにも参加していました。次のうち,より可能性が高いのはどちらでしょうか。
>
> (A)リンダは銀行の窓口係である。
> (B)リンダは銀行の窓口係であり,フェミニズム運動の活動家である。

あなたはどう答えたでしょうか。

もちろん,この問題の正解は「A」です。「銀行の出納係であり,かつフェミニスト運動の活動家である」という事象は,「銀行の出納係である」という事象の中に含まれるのですから,「B」のほうがよりありそうということは絶対にないからです(図3-2)。リンダがどんな

図 3-2　リンダ問題

人だろうと全く関係なく，絶対に，です。では，なぜ回答とは全然関係ないリンダの人物像について長々と書かれているのか，と言いますと，「いかにもフェミニスト活動をやっていそうな」描写，つまり，代表性ヒューリスティックの説明に沿った表現をするならば，「リンダ」という事象は「フェミニズム運動の活動家」というカテゴリーに見かけ上よく代表しているように描写されているということになります。

　しかし，しつこいようですがリンダがどんな人物であるかはこの問題の回答には全く関係がありません。にもかかわらず，多くの人が「いかにもフェミニスト活動をやっていそうな」リンダの人物像を読み，代表性に基づく判断をして「B」をよりありそうだ，と考えてしまうこの現象を「連言錯誤（conjunction fallacy）」と言います。

　「賭博者の錯誤」と関係ないじゃないか，と思うかもしれませんが，もう少し聞いてください。今度はこの問題を考えてみてください（Tversky & Kahneman, 1974）。

　　ある町には 2 つの病院があります。大きい方の病院では一日に 45人の赤ちゃんが誕生していますが，小さいほうの病院では一日に 15人の赤ちゃんが生まれています。一般的に赤ん坊が男の子である確率は 50％ですが，毎日ぴったり 50％の男の子が生まれるわけではなく，その割合は日によって変動します。さて，この町で，一年間に，2 つの病院で一日に生まれる男の子の割合が 60％以上であるよ

うな日数を数えました。2つの病院のうちどちらがより多くこのような日を計測したでしょうか?

　（A）　大きな病院
　（B）　小さな病院
　（C）　どちらも同じくらい

　「一年間で男の子が 60％ 生まれる日が多いのはどちらか」というのは, 言い換えれば「一日に男の子が 60％ 生まれる確率が高いのはどちらの病院か?」ということになります。

　この問題の正解は,「小さい病院」です。なぜか分かりますか。

　確率的な出来事の結果は, その回数が少なければ本来の確率（この場合は 50％）からかけ離れることは頻繁にありますが, 回数が多ければ多いほどそうしたことは起こりづらくなるからです。例えば, コインを 10 回投げて, 表が 6 回出ることは珍しくもありませんが, 100 回投げて 60 回出る確率はそれよりもずっと低いことは直観的にも分かるでしょう。この問題の場合は, 男の子が生まれる確率は 50％ ですから,「コインを 15 回投げて表が 60％（9 回）以上出る確率と, コインを 45 回投げて表が 60％（27 回）以上出る確率」とどちらが高いか, ということになります。

　しかし, この問題は, 多くの人が「どちらも同じくらい」と答えることが知られており, その理由も代表性ヒューリスティックで説明されます。確かに,「45 人のうち 60％」と,「15 人のうち 60％」というのは, 統計的には全く意味合いが異なるのはすでに述べたとおりです。しかし, それらの事象が,「男女が 50％ ずつ生まれる」という「普通の」状態に似ている度合いはどうでしょうか（図 3-3）。

　どちらの場合も,「典型的（代表的）な」状態, つまり「もっとも起こる確率の高い出来事」からは少し離れている（似ていない）わけですが, その見かけ上の「似ていなさ」はどちらも変わらない, ということが分かるでしょう。統計学的にはこれらの意味合いは全く異なるわけですが,「見かけ上」の代表性, つまり「見た感じ似ている度

男女が半々ずつの,「典型的な」状態

「15 人のうち男児が 60% 生まれた」
という事象

「45 人のうち男児が 60% 生まれた」
という事象

図 3-3　男女の出生率パタンの例

合い」は同じようなものなので, それをもとに判断すると「どちらも
『半々ずつ』という状態よりは少し起こる確率が低くなるが, その低下
の度合いは同じようなものだろう」と判断してしまうわけです。

　リンダ問題は「賭博者の錯誤」とは全く関係がなさそうに思えまし
たが, こちらの問題は少し「賭博者の錯誤」とつながってきましたね。
「代表性ヒューリスティック」で「賭博者の錯誤」を説明すると, この
ようになります。

　たとえば, コイントスのようなランダム系列では, 何回か続けて表
が出た状況というのは,「表と裏が半分ずつ出る」という「典型的な
状態」をあまりよく代表していないことになります。さらに, そこか
ら続けて表が出るという状態になると, その系列はさらに代表性, つ
まり典型性が減ることになりますね。そのため, 代表性ヒューリステ
ィックに基づく判断では, そうした状況になる確率は低くなるように
感じ, 何回か続けて表が出た「典型的 (代表的) でない」状態の後に,
裏が出ればその系列は「表と裏が半分ずつ出る」という「典型的な状
態」にいくらか近づくので, そうした状況になる確率は高くなるよう
に感じると考えられる, ということです (図 3-4)。

　トヴェルスキーらは, 古くからある「賭博者の錯誤」という傾向に
ついて, 自ら提案した「代表性ヒューリスティック」という概念でこ
のように説明したわけですが, この説明は説得力があり, 以降,「賭博
者の錯誤」は代表性ヒューリスティックによるもの, という説明が一

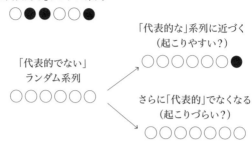

図 3-4　ランダム系列で現れる代表的でない状態におけるヒューリスティック

般的になりました。

　もちろん，これで「賭博者の錯誤」という心理的現象の全てが説明できるわけではありません。しかし，どうもこの「代表性ヒューリスティック」による「賭博者の錯誤」の説明は説得力がありすぎて，多くの研究者がそれでおおむね納得してしまい，その後「賭博者の錯誤」という心理的現象の詳細を解き明かす研究はあまり行われなくなってしまった感もあります。前述のとおり，「賭博者の錯誤」についての研究はこの説明がなされた以降もたくさんあるのですが，それらの研究は前に述べた，くじやカジノを題材とした研究のように「この場面でも賭博者の錯誤は観察されるか？」ということを調べた研究が多く，「賭博者の錯誤」という心理的現象のメカニズムについて調べた研究は少なめなのですが，1 つだけ紹介します。

近年の「賭博者の錯誤」研究

　バロンらの 2010 年の研究（Barron & Leider, 2010）では，パソコンのモニター上に，「ルーレットの結果」を模したランダムな系列を提示し，次の「目」を予測させる，という課題を行いました。図 3-5 を見ると分かるように，11 の「目」のある系列が 1 セットになっているのですが，この際，参加者を 3 つのグループに分けてそれぞれ異なった課題を行わせました。

次の目予測

図 3-5　ルーレット目の予測実験（Barron & Leider, 2010 より）
注：実験ではパソコンモニターに表示されている色は赤と黒

　順次（sequential）条件と名づけられた条件では，この結果の一つ
ひとつを順に提示し，それぞれの結果を予測させました。ただし，実
験の結果として採用するのは 11 番目の結果の予測だけです。この条
件は，よく採用される一般的な「賭博者の錯誤」の実験のやり方です。
　同時（simultaneous）と名づけられた条件では，最初の 10 の結果
を一つずつ順にではなく，一度に 10 まとめて提示し，その後 11 番目
の結果を予測させました。つまり上の画像を見て，白か黒か答えた，
という状況をイメージしてもらえば，ほぼ正確に状況をイメージでき
たことになります。
　自動（autosequential）と名づけられた条件では，「順次」条件と
同じように 11 の結果を一つひとつ提示したのですが，予測させたのは
最後の 11 番目の結果だけとしました。参加者に見せるものは「順次」
条件と同じですが，最初の 10 の結果についての予測はさせず，ただ
「見せるだけ」ということですね。
　まとめますと，このようになります（表 3-2）。
　さて，この実験における従属変数は，「11 番目の結果の予測」です
が，それを予測する際，「ここまでどちらかの結果が続いていたから，
今度の結果はその逆だろう」，つまり「ここまで黒が続いたから，次は
赤だろう」または，「ここまで赤が続いたから，次は黒だろう」という
ような，直近の結果の逆の予想をする傾向がみられれば，「賭博者の錯
誤」を示したということになります。
　さて，この条件設定で何を調べようとしたのか分かりますか。
　「賭博者の錯誤」という現象は，本来はこの次の結果には関係ないは
ずの「過去の結果」が「次の結果」に影響を及ぼすかのように思う，

表 3-2　ルーレットの次の目予測実験の独立変数と従属変数

独立変数		
直近 10 回の結果をどのような形で「経験」するか	順次 (Sequential)	10 回分の結果が一つずつ順に提示され, それぞれについて結果を予測した後, 11 回目の結果について予測する（予測は 11 回するが, 実験結果として使うのは 11 回目の結果についてのみ）
	同時 (Simultaneous)	10 回分の結果が一度に提示された後, 11 回目の結果を予測する
	自動 (Autosequential)	10 回分の結果が一つずつ順に提示された後, 11 回目の結果を予測する（提示されるものは「順次」条件と同じだが, 予測するのは 1 回だけ）
従属変数		
直前の結果と同じ結果が出ると予測される頻度		11 回目の結果の予測が, 「直前の結果と同じである」という予測である回数

という「錯誤」である，と表現できます。この実験では，3 つの条件で，その「過去の結果」がどのように参加者に示されるか，を変化させています。この実験はルーレットのギャンブルを模した実験になっていますが，条件 1 ではその「過去の結果」も自分のギャンブルゲームの結果として「経験」したものです。しかし，条件 2 ではいわば，その「過去の結果」は傍目に「観戦」していただけのものであり，さらに条件 3 ではその「過去の結果」は「今までこういう結果になっていましたよ」と知らせてもらえるだけ……そのような状況を作ろうとしているのです。この論文のタイトルは "The Role of Experience in the Gambler's Fallacy"（賭博者の錯誤における経験の役割）というものですが，3 つの条件で，「過去の結果」を実際に「経験」する度合い（自分のギャンブルの結果として経験するか，傍目に見るだけか，「こういう結果だった」と知らされるだけか）を変化させ，その「経験」の度合いが賭博者の錯誤の表れに影響を及ぼすか，を調べるためです。

表 3-3　ルーレットの次の目予測実験の結果（Barron & Leider, 2010 より）

条件	直前結果と同じ結果が予測された頻度 連続の長さ			
	1	2	3	4+
順次	0.438**	0.456	0.369***	0.381**
同時	0.519	0.506	0.471	0.512
自動	0.484	0.518	0.385**	0.385*

*=5% 水準で有意　　**=1% 水準で有意　　***=0.1% 水準で有意

さて，その結果です（表 3-3）。

　一つひとつ見ていきましょう。すでに述べたように，「順次」条件が，通常使われる「賭博者の錯誤」の実験のやり方ですが，「連続の長さ」が「4+」というのは，「同じ結果が 4 回以上続いた後の予測」ということです。このとき，「直前の結果と同じ結果」が予測される頻度は 0.381，つまり 38.1％でした。何度も述べているように，直前に何回続けて同じ目が出ていようが次にその「同じ目」が出る確率は常に 50％であるわけですが，それが 38.1％しか出ないと予測されていることになります。つまり，非常に強力な「賭博者の錯誤」が出ていることになります。統計的検定の結果，こうした「偏り」が偶然出る確率は 1％以下（1％水準で有意）でした。同様に，「連続の長さ」が1, 2, 3 のところも見てみると，「2」のときだけ統計的には有意となりませんでしたが，それ以外のところでは 1％水準で有意な「賭博者の錯誤」が観察されています。

　では，「同時」条件ではどうでしょう。この条件は，10 回分の結果を一度に見せた（予測はさせない）後で，11 回目の結果の予測に賭博者の錯誤が現れるかを調べたものですが，一目見て分かるように，どの「連続の長さ」の後でも，結果の予測はほぼ 50％であり，「賭博者の錯誤」が現れていないことが分かります。

　この結果が示しているのは，実際に「過去の結果」を「知った」だけでは「賭博者の錯誤」は起きず，「経験」しなければ「賭博者の錯誤」は起こらないということです。

　一方「自動」条件では、「順次」条件とほぼ同等の「賭博者の錯誤」が観察されており、「経験」の度合いが「順次」条件より低いにもかかわらず賭博者の錯誤は同等に起こっている、という（おそらく）バロンらの意図には反した結果になっているのですが、課題として予測を求められなくとも、多くの参加者は「予測」をしていた、というのは十分に考えられる話なので、「経験の度合いによって賭博者の錯誤の度合いは変化する」という知見に矛盾するものではありません。少なくとも、「同時」条件では「賭博者の錯誤」が観察されなかったことは明白であり、「経験」の度合いが「賭博者の錯誤」に影響する、という知見はバロンらの意図通り確認されたと言ってよいでしょう。

　「過去の結果」を「経験」しなければ「賭博者の錯誤」は起こらない、というのは重要な知見であることは疑う余地がありませんが、この知見は「賭博者の錯誤」という心理的現象について、実に基本的というか、素朴とも言える知見であり、このような知見が2010年という近年に発表されたことに驚きます。

　もちろん、私がそのような感想を持つのは、第1章で論じた「後知恵」であって、現在の視点から「こんな素朴な知見が2010年まで出てこなかったとか、心理学者たちはそれまで何をやっとったんじゃ」という評価をするのは適切ではありません。しかし、そんなことは百も承知でもなお、そのような感想を持ってしまいたくなります。このような素朴な知見が2010年になって新奇な知見として報告されるほど、「賭博者の錯誤」の現象それ自体を解き明かすことを目的とした研究は少なかった、と言えるでしょう。もちろん、紹介していない重要な「賭博者の錯誤」の研究もまだまだあるのですが、そうした研究は「ホットハンドの誤謬」と呼ばれる現象との関係を論じた研究が多いため、それらの研究の紹介は「ホットハンドの誤謬」を扱う次の章に譲ります。

「確率からいうと次はこうなる!?」という事例に出会ったら

・確率が「帳尻を合わせる」ような性質を持つという「誤解」を賭博者の

錯誤と呼び, その傾向は調査的研究でも示されていることを思い出そう (Terell, 1994, Croson & Sundali, 2005 等)

・「賭博者の錯誤」はありふれた「誤解」として 100 年以上前から指摘されていたことを思い出そう (ラプラス『確率の哲学的試論』)

・「賭博者の錯誤」を引き起こす「代表性ヒューリスティック」のことを思い出し, それによって人がどんな間違いを犯すのかを思い出そう (リンダ問題, 病院問題)

引用文献

Barron, G. & Leider, S. (2010). The role of experience in the Gambler's Fallacy. *Journal of Behavioral Decision Making*, 23 (1), 117-129.

Clotfelter, C. T. & Cook, P. J. (1993). The "gambler's fallacy" in lottery play. *Management Science*, 39 (12), 1521-1525.

Croson, R. & Sundali, J. (2005). The gambler's fallacy and the hot hand: Empirical data from casinos. *Journal of risk and uncertainty*, 30 (3), 195-209.

Laplace, P. S. (1814) *Essai Philosophique sur les Probabilites.* (内井惣七訳 (1997) 確率の哲学的試論. 岩波文庫.)

中島義明・安藤清志・子安増生ら編 (1999) 心理学事典. 有斐閣.

Terrell, D. (1994). A test of the gambler's fallacy: Evidence from pari-mutuel games. *Journal of risk and uncertainty*, 8 (3), 309-317.

Tversky, A. & Kahneman, D. (1974). Judgment under uncertainty: Heuristics and biases. *Science*, 185 (4157), 1124-1131.

Tversky, A. & Kahneman, D. (1983). Extensional versus intuitive reasoning: The conjunction fallacy in probability judgment. *Psychological review*, 90 (4), 293.

＊　＊　＊

高橋陽一 (1998) キャプテン翼, 35 巻, p.89 (ジャンプコミックス) 集英社.

第3章

ホットハンドの誤謬の話

「流れ」「勢い」の心理学

　麻雀東西戦二次予選。井川ひろゆきと対局することになったのはかつて最強と呼ばれた伝説的な打ち手, 僧我三威だった。圧倒的格上の相手に挑むひろゆきだったが, ひろゆきは開局直後から好調なツモを重ね, テンパイに持っていく。好調なツモで流れの良さを感じたひろゆきは自分のアガリを確信するが, 後ろでひろゆきの手を見ていた東軍の打ち手金光は「あの手はここまでだ」と予言する。そ

福本伸行／近代麻雀コミックス『天　天和通りの快男児』5 巻 p.72 より／竹書房

© 福本伸行・竹書房

の言葉どおり，ひろゆきは僧我に「流れ」を断ち切られ，敵の当た
り牌を先に引かされてしまった。

「あれ…？　…なんでだろ…
　ここでこの牌をひくかな…？」

「流れ」の認知とホットハンド

　麻雀を知らない人にはさっぱり分からないと思うので，もう少しこ
のシーンについて，麻雀を知らない人にも分かるように説明します。
　麻雀は，牌（はい，またはパイ）を四人が順番に山から一枚ずつ取
ってきて，代わりに一枚いらない牌を捨てることで自分の手を作って
いくゲームです。カードではなく，「牌」というキューブ状のものを使
うというだけで，ゲームの構造としては要するにカードゲームです。
「ツモ」というのは，自分の番に山から取ってくる牌のことで，順番に
１枚牌を「ツモって」，代わりにいらない牌を１枚捨てることで自分
の手を作っていき，他の人よりも早く手が完成すると「あがり（和了
り）」となり，その一局に勝利して完成した手に応じた点数を受け取る
ことができます。ここでひろゆきが「ここまで好調にツモを重ねてき
た」というのは，「山から引いてきた牌が，自分の手を完成させるため
に都合のよい牌だったということがここまで何度も続いていた」とい
うことを指しています。
　さて，その状況で，敵の一人から「リーチ」がかかりました。これ
はその敵（阿久津）が，「あと一つ，適切な牌があればあがれる」状態
になったことを意味しています。この時，他の人が阿久津のあがり牌
を捨てると，阿久津はその牌であがることができます。このとき，ひ
ろゆきも同様に「テンパイ」（あと一つの牌であがれる状態）をしてい
ますので，この状況でのひろゆきは「先に自分のあがり牌を山から引
いてくれば自分があがれるが，先に阿久津のあがり牌を山から引き，
それを捨ててしまうと，阿久津にあがられてしまう」という状況にな
っています。つまり，「自分のあがり牌を先に引くか，それとも阿久津

のあがり牌を先に引いてしまうか」で勝負が決まるという状況になっているわけです。

　しかし，その状況を受けて，ひろゆきは「（敵のあがり牌を）持ってこないだろう。今はふる（相手をあがらせる）流れじゃない。こういうときのリーチは怖くない。多分オレの和了り（あがり）が先…」と考えています。

　つまり，「ここまで自分に都合のよい牌を連続して引いてきた」という「良い流れ」だから，次に引いてくる牌も，「敵にとって都合のよい牌ではなく，自分にとって都合のよい牌だろう」と考えているわけです。しかし，現実に引いてきたのは「敵のあがり牌」，つまり，「自分にとっては都合の悪い牌」でした。そのことについて「あれ…？　なんでだろ…ここでこの牌（自分にとって都合の悪い牌）をひくかな…」と戸惑っている，というのが，この章の冒頭で取り上げたシーンです。

　さて，この話，麻雀を知っている人は「ああ，この話か」とピンと来る話だと思いますが，麻雀を知らない人はどうでしょう。この，「ここまで連続して都合のよい牌を引いてきたのだから，次に引いてくる牌も都合のよいものだろう」という考えをどう思うでしょうか。

　実は，この話はもともと理系だった私が心理学方面に進むきっかけとなった話題です。

　今でこそそうでもありませんが，私が大学生のころは，麻雀をやる人はほぼ100％とも思えるぐらい，この「流れ」という概念を信じていました。しかし，私には意味が分かりませんでした。山に裏返しに積まれた牌は人間の都合など関係ないはずです。牌の山が，今までの出来事を記憶したり，麻雀というゲームのルールを理解して人の都合に合わせて変化したりするとでも言うのでしょうか。

　しかし，当時の状況は私の体感的には「自分以外の全ての麻雀打ちが流れを信じている」という状況でした。もちろん，実際にはそんなことはなかったのですが，当時の私の体感としてはそうだったのです。そうした状況に一石が投じられたのは，1999年に流れを一切意識しない「デジタル打法」を標榜するプロ雀士，長村大氏が「麻雀最強戦」

というタイトルを獲得してからでした。以降,「デジタル麻雀」という概念は定着し,「麻雀打ちのほぼ全てが流れを信じている」という状況ではなくなりました。しかし,現在でも麻雀打ちの中で「流れ」という概念は根強く信じられており,流れを信じない「デジタル派」と,流れを信じる「オカルト派」の間でのデジタル・オカルト論争なるものは未だに続いています。

　ただ,そういう私自身も大学時代麻雀を打っていて,あるはずのない「流れ」というものを「感じる」ときは確かにありました。しかし,どれだけ「感じ」ようとも,「裏返しに並べられた牌が人間の都合や麻雀のルールに合わせて変化する」などということはあるはずがないのです。そこに疑問の余地はありません。しかし,そんな理屈は分かっていてもやはり流れを「感じる」ことは時としてあるのです。そうした経験から,大学時代の私は常日頃「なぜ,あるはずのない流れなどというものをあるように感じるのだろうか」という疑問を持っていました。そんな時,読む機会があったのが社会心理学者トーマス・ギロヴィッチ Gilovich, T. が一般向けに表した書籍,『人間この信じやすきもの』です。この本で,ギロヴィッチの研究としてもっとも有名な,バスケットボールの「ホットハンド（hot hand）」の研究が取り上げられていました。ギロヴィッチはさまざまな業績のある高名な社会心理学者ですが,この研究が有名になりすぎて「ギロヴィッチ＝ホットハンドの人」のようなイメージさえついてしまった研究です。

　ホットハンドとは,バスケットボールの選手,ファン,監督などの間に広く信じられている「シュートを決めた選手は『波に乗る』ので,その選手の次のシュートは決まりやすくなる（決まる確率が高まる）」という信念のことです。「ストリーク（streak）」と呼ばれることもあり,その特性を持つ（とされる）選手は「ストリークシューター」などと呼ばれます。

ギロヴィッチの「ホットハンド論文」

　その研究は1985年に発表されました（Gilovich et al., 1985）。ギ

ロヴィッチらは，まずバスケットボールのファン，具体的には「バスケットボールを現在でもプレイしており，年間最低5試合は観戦する」大学生を100人集め，ホットハンドに関するいくつかの信念についての賛否を尋ねるアンケートを行いました。以下がその結果です（表4-1）。

ファンのほとんどがホットハンドを信じていることが分かります。ギロヴィッチらは，NBAの1980-1981年のシーズンのフィラデルフィア・セブンティシクサーズの記録から，シュートが成功，または失敗した後のシュート成功率を集計し，「こういった信念は正しいのか」を調べました（当時はスポーツ統計学という分野が未発達のため，この分析が可能なデータを記録しているのは1チームだけだったそうです）。以下が結果です（表4-2）。

もしも，ホットハンドという現象があるならば，この表で下に行けば行くほどシュートの成功率は高くなるはずですが，そうなっていないことは一目瞭然ですね。むしろ，わずかながら連続成功後の成功率は低くなっているようにさえ見えます。ここでは省略しましたが，選手別の集計もされていて，そちらもほぼ同様の結果で，「シュートが決まった後は決まる確率が高い」という傾向のある選手はいませんでした。

表4-1 ホットハンドに同意した人の割合
（Gilovich et al., 1985 より作成）

	同意した人の割合
直前に2, 3回シュートを決めた選手は，直前に2, 3回シュートを失敗した選手よりもシュートが決まりやすい	91%
フリースローで，1投目が決まった後の2投目は1投目が失敗した後よりも決まりやすい	68%
シュートが連続して決まっている時は，通常時よりもシュートが決まりやすい	96%
シュートが何回か連続して決まっている時選手にパスを回すのは重要だ	84%

表 4-2　シュート成功率（Gilovich et al., 1985 より作成）

	成功率
3 連続失敗後	56%
2 連続失敗後	53%
1 回失敗後	54%
1 回成功後	51%
2 連続成功後	50%
3 連続成功後	46%

　つまり、「連続してシュートを決めると、次のシュートの成功率が高くなる」というホットハンドに関する信念は正しくない、ということを示す集計結果だったのです。

　これは単に NBA のプレー結果を集計しただけであり、心理学の研究とは言えませんが、問題は「なぜ、実際はそのようなことはないのに、多くの人がそのように感じているのか」ということです。ここからが心理学者の仕事です。

　ギロヴィッチは、「バスケットボールのシュートの成否」に見立てた、○と×の並びをいくつかバスケットボールのファンに見せました。以下のようなものです。

　　×○×××○○○○×○××○○○×××○×・・・①
　　×○×○×○○○××○×○×○×○××○×・・・②

　前述の表で分かるように、プロバスケットボールプレイヤーのシュート成功率は約 50％程度なので、これらの並びはどちらも○（成功）が 10、×（失敗）が 11 の並びとなっています。さて、上の 2 つの並びは○と×の数、つまりシュートの成功率は同じであるものの、一つ違いがあります。

　上の並びは「成功→失敗」、「失敗→成功」のような「入れ替わり」が 10 回あります。この「入れ替わり」は最大で 20 回ですから、20 回

のうち 10 回, つまり 50％の確率で「入れ替わった」ということになります。つまり, この上の並びは「前に成功した後の失敗率は 50％, 前に失敗した後の成功率も 50％」, つまり,「前の結果が後の結果に全く影響しない」, つまり, ホットハンドのような特別な傾向のない「偶然の並び」ということになります (正確に表現すれば,「もしこの並びが偶然のものであった場合, もっとも起こりやすい傾向の並び」となりますが, わずらわしいので以降,「偶然の並び」と呼びます)。

　一方で, 下の並びはどうでしょう。その「入れ替わり」は 16 個, 20 回のうち 16 回, つまり, 80％の確率で「入れ替わった」並びとなっています。つまり, 下の並びは「前に成功した後の失敗率が 80％, 前に失敗した後の成功率も 80％」という並びになっています。ホットハンドというのは,「成功した後は成功率が高い」「失敗した後は失敗率が高い」という傾向ですから, この並びは言わば「逆ホットハンド」が起こっている並びなのです。

　ギロヴィッチらは, この「入れ替わり」の頻度を 40％〜 90％までの 6 段階に変化させた並びをバスケットボールのファンに見せ, それぞれについて「偶然の並びだと思うか, それとも『波に乗る』プレイヤーのシュートの成否を表したものだと思うか」と尋ねました。その結果は以下のようなものです (図 4-1)。

　横軸の 0.4 〜 0.9 が,「入れ替わり」の頻度, 実線が「偶然の並びであると判断した人の比率」, 破線が「波に乗るプレイヤーのシュートだと判断した人の比率」です。

　すでに述べたように, この頻度が「0.5」である①のような並びが「偶然の並び」ということになります。しかし, その部分を見ると,「偶然である」と判断した人は 30％少々であり, 60％近い人が「波に乗るプレイヤーのシュートである」と考えています。一方で,「0.8」という②のような並びはどうでしょう。このときに, もっとも多くの人が「偶然である」と考えています。しかし, これもすでに述べたように, この並びは「逆ホットハンド」の並びであり,「偶然の並び」ではないのです。にもかかわらず, 多くの人が「偶然の並びである」と考

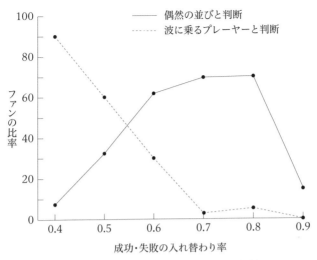

図 4-1　シュートの成否は偶然か波かの判断
(Gilovich et al., 1985)

えているのです。もう一度，①②の並びを見てみましょう。

×○×××○○○○×○××○○○×××○×・・・①
×○×○×○○○××○×○×○×○××○×・・・②

　改めて見ると，この並びがあまり「偶然の並びである」とは考えられず，「波に乗るプレイヤーのシュートである」と考えられた理由は明白です。4回連続して「シュートが成功」していたり，3回連続して「シュートが失敗」していることが2回もあったり，確かに，「波」があるように「見える」からです。しかし，繰り返しますが，この並びは「偶然の並び」なのです。サイコロやコイントスを使って試してみればすぐに分かりますが，「偶然の並び」であってもこれくらいの「連続（ラン）」は容易に起こります。

　②はどうでしょう。こちらは成功／失敗の「連続」は3回連続成功が1回と，2回連続失敗が2回あるだけです。いかにも，良い感じに

「散らばって」いて,「偶然」であるかのように見えますね。しかし,この並びは「偶然」ではなく,「逆ホットハンド」のような傾向がある並びなのです。にもかかわらず,多くの人がこの並びを「偶然の並び」であると感じます。

ここまで来れば,もうお分かりでしょう。ギロヴィッチらが示したように,実際はバスケットボールのシュートの成否は「偶然」,つまり,①のような傾向を示します。しかし,多くの人は②のような並びを「偶然である」とみなすのです。つまり,バスケットボールのファンは,「もしも,シュートの成否が偶然ならば②のようになるはずだが,実際には①のような『連続』の多い形になっている。だから,シュートの成否は偶然ではなく,ホットハンドのような特別な傾向があるのだろう」というように感じていると説明できます。

もちろん,ギロヴィッチの本の中で麻雀が取り上げられているわけではありませんが,この説明はそのまま麻雀の流れの話にも当てはまることはお分かりでしょう。

例えば,①,②の並びをシュートの成否ではなく,「良いツモ」を○,「悪いツモ」を×で表したものと考えてみます。

   ×○×××○○○○×○××○○○×××○×・・・①
   ×○×○×○○○××○×○×○×○××○×・・・②

「もしも,ツモの良し悪しが偶然ならば②のようになるはずだが,実際には①のような『連続』の多い形になっている。だから,ツモの良し悪しは偶然ではなく,『流れ』のような特別な傾向があるのだろう」,と考える,と説明できますね。

ここで,①の並びの6番目から16番目を抜き出してみると,○○○○×○××○○○となります。なんと,11回のツモのうち8回が「良いツモ」という「好調なツモ」です。しかし,しつこいようですがこの並びは「偶然」なのです。なので,この「好調なツモ」の後に,「敵のあがり牌」のような「都合の悪い牌」を引く確率も通常の状況と全

く同じです。この「好調な並び」の後に「敵のあがり牌」を引いても「あれ…？　なんでだろ…」などと戸惑うようなことではないのです。(実際は「良いツモ」は50％もありませんし，「良いツモ」の「良さ」も，「ドラをカンチャンズッポシで引いた」ような「ものすごく良いツモ」から，「カンチャンがリャンメンに変わる牌」のような「まあまあ良いツモ」までばらつきがあるので，これは単純化した表現にすぎませんが，そういう要素を加味して考えても理屈は同じです)。また，「良い配牌」を〇，「悪い配牌」を×，と表しても同じ理屈で説明できます。

　　　×〇×××〇〇〇〇×〇××〇〇〇×××〇×・・・①
　　　×〇×〇×〇〇〇××〇×〇×〇×〇××〇×・・・②

　「もしも，配牌の良し悪しが偶然ならば②のようになるはずだが，実際には①のような『連続』の多い形になっている。だから，配牌の良し悪しは偶然ではなく，『流れ』のような特別な傾向があるのだろう」，と考える，と説明できます。

　というわけで，当時の私が持っていた「なぜ，あるはずのない『流れ』というものを感じるのか」という疑問の答えは心理学の中にありました。心理学はどうしても物理学，化学といったいわゆるハードサイエンスより科学的な厳密性で劣ってしまうため，多くの理系の人間がそうであるのと同様に私も心理学という分野を軽視していました。しかし，軽視していた心理学の中に自分の疑問の答えがあったことで何か，目の前が開けたような気持ちになったことを覚えています。

ホットハンドは本当にないのか

　さて，バスケットボールの話に戻りますが，ギロヴィッチのこの分析結果は，バスケットボールの選手やファンの多くが持っている信念を真っ向から否定するものなので，容易には受け入れられないことは想像に難くありませんでした。なので，同論文中で，予想される批判

を先回りする形の分析もされています。予想された批判というのは，「連続してシュートを決め，『波に乗っている』選手には敵チームも警戒し，マークを厳しくするので，その分成功率が減って見かけ上，連続して成功した後も成功率が上がっていないのではないか」というものです。一応，筋の通った批判ではあります。

　この批判が妥当であるのか検討するのは簡単です。敵チームの警戒やマークなどは関係ない，フリースローで検討すればよいのです。都合のよいことに，フリースローは2投続けて投げるので「シュート成功後の成功率」を調べることは容易ですし，フリースローにおいてもホットハンドのような傾向があると多くのファンが信じていることはすでに挙げた表のとおりです。

　この調査は同シーズンのボストン・セルティックスのデータが使用されましたが，この調査でも，「1投目が成功した後はそうでない時に比べて成功率が高い」といった傾向は発見されず，それはチーム全体の分析でも選手ごとの分析でも同様でした。つまり，「相手のマーク」などが関係ないフリースローにおいても，ホットハンドは見出されなかったのです。

　このようにギロヴィッチは予想される批判に先回りして反論したうえで「ホットハンド」なる傾向はない，ということを示し，「なぜそう感じるのか」という理論的な説明も加えたのですが，それでもこうした主張は容易には受け入れられませんでした。前述の『人間この信じやすきもの』には，ギロヴィッチがホットハンドを否定する自身の分析データをNBAの監督に見せたときのエピソードが紹介されています。

　　実際に試合に関与していた人たちはデータを見て，「波に乗る」という現象をやめたであろうか？　そうではなかった。アメリカ・スポーツ史上，最強のチームと言われるボストン・セルティックスの監督であるR・オウアーバックは，われわれの研究結果を見て，「誰だい，この男？　研究者？　こんなことは関係ないよ」と答えた。1987年の全米大学選手権優勝チーム，インディアナ・フーザーズの

監督 B・ナイトも，「バスケットボールのショットの成否にはたくさんの要因が関係しているんだ。こんな研究にはほとんどなんの意味もないよ」と感想を述べた。

　まあ，予想できた話ではありますが，「けんもほろろ」という反応ですね。

　ギロヴィッチらの結論を受け入れなかったのはバスケットボールの現場の人々だけではなく，論文という形での反論もありました。1989年に確率・統計学誌「*Chance*」で「ホットハンド特集」が組まれたのですが，その中のラーキーらによる「It's okay to believe in the "hot hand"」なる論文です（Larkey et al., 1989）。直訳すれば「ホットハンドを信じても OK」というところでしょうか。何か，挑発的というか，「ギロ何とかいう心理学者が『ホットハンドはない』とか馬鹿なこと言ってるけど，あんなの信じなくていいからな？」とでもいうような思いが伝わってくるようなタイトルです。

　ラーキーらは，1987-1988 シーズンの NBA の記録から，主要な選手のホットハンド傾向を検討しました。その結果が表 4-3 です。

　それぞれ「x 回連続ミス（miss）の後の成功率」が P（H/xM），「y 回連続成功（hit）の後の成功率」が P（H/yH）の列で表されています。例えば，一番上の Jordan はあのマイケル・ジョーダンですが，彼の「P（H/3M）」という列を見ると，ジョーダンは 3 回連続でミスした後には 57%（0.57）の確率でシュートを成功させていることが分かります。その後のかっこ内の数字はその状況でのシュートが何回あったかで，「7」と書かれていますので，「57%」という値と合わせて，「マイケル・ジョーダンは 3 回連続ミスした後のシュートが集計期間中 7 回あり，そのうち 4 回の 57%成功した」ということが分かります。同様に，「P（H/3H）」からは，「3 回連続成功した後のシュートが集計期間中 15 回あり，そのうち 7 回の 47%成功した」ということが分かります。真ん中の P（H）は，その選手のシュート全体の成功率です。

表4-3 NBA 1987-1988 シーズンの主要選手のシュート成功率
(Larkey et al., 1989 より)

(1) 選手	(2) P(H/3M)	(3) P(H/2M)	(4) P(H/1M)	(5) P(H)	(6) P(H/1H)	(7) P(H/2H)	(8) P(H/3H)	(9) ACF(1)
Jordan	.57(7)	.47(17)	.53(43)	.55(104)	.56(57)	.47(32)	.47(15)	.027
Bird	.49(57)	.40(103)	.38(177)	.44(338)	.49(145)	.51(69)	.47(34)	.141
McHale	.58(12)	.62(37)	.61(108)	.57(270)	.53(146)	.60(72)	.55(40)	-.068
Parish	.56(9)	.59(27)	.48(66)	.52(163)	.54(80)	.61(41)	.65(23)	.107
D. Johnson	.54(26)	.45(56)	.44(109)	.41(201)	.35(75)	.42(24)	.50(8)	-.107
Ainge	.40(25)	.41(49)	.43(96)	.42(184)	.44(71)	.46(28)	.36(11)	.014
D. Wilkins	.62(21)	.53(45)	.51(92)	47(176)	.42(78)	.33(33)	.27(11)	-.088
E. Johnson	.61(28)	.45(60)	.46(123)	.43(230)	.40(91)	.50(34)	.33(15)	-.045
A-Jabbar	.38(24)	.48(50)	.49(103)	.47(209)	.49(90)	.61(41)	.50(22)	.015
Worthy	.73(22)	.54(59)	.48(124)	.47(259)	.48(119)	.48(54)	.64(25)	.025
Scott	.60(20)	.56(48)	.50(109)	.52(246)	.54(121)	.55(60)	.55(31)	.037
Aguirre	.70(10)	.54(24)	.47(47)	.46(93)	.39(41)	.40(15)	.33(6)	-.077
Dantley	.33(21)	.43(42)	.50(101)	.50(224)	.51(104)	.50(50)	.50(24)	.014
Laimbeer	.41(17)	.47(45)	.47(103)	.47(219)	.43(96)	.45(40)	.39(18)	-.084
Dumars	.60(25)	.46(52)	.47(115)	.45(234)	.41(99)	.40(40)	.40(15)	-.035
Thomas	.49(45)	.47(93)	.44(187)	.44(361)	.44(154)	.41(66)	.50(26)	-.001
V. Johnson	.47(17)	.45(42)	.44(97)	.46(213)	.49(96)	.51(45)	.52(23)	.036
Rodman	1.00(3)	.69(13)	.63(38)	.62(112)	.55(55)	.78(23)	.92(12)	-.057
シュート成 功率の平均	.5248	.4809	.4727	.4752	.4883	.5034	.5402	-.0016

　もしもホットハンドがあるならば，列（2）～（8）の右の列ほど成功率が高く，左の列ほど成功率が低くなるはずです。列（9）はその傾向を相関係数で表した値で，この値が（0よりも）大きいほど「ホットハンド傾向がみられた」ということを表しています。

　しかし，この相関係数を全選手で平均すると -0.0016 です。はっきり言ってほぼゼロです。つまり，この分析では（おそらく）ラーキーらの希望に反して，「ホットハンドはない」というギロヴィッチらの結論を再確認したことになります。しかし，ラーキーらは諦めません。

　確かに選手全員を平均すると相関係数はほぼゼロになるのですが，選手一人ひとりを見てみると，それなりに高い相関係数を示している選手もいます。一番高い値を示したのは .141 の Bard，そう，あのラリー・バードですね。また，この表の中の V. Johnson というのは

Microwave Johnson の異名を持ち，代表的なストリークシューター
と評される選手ヴィニー・ジョンソンです。ラーキーはこの選手が大
好きなようで，「ヴィニー・ジョンソンがいかにストリークシューター
であるか」を評した雑誌記事などを繰り返し引用しているのですが，
彼の相関係数も 0.036 というごくごく小さな値ながら，この一覧の選
手の中では 4 番目に高い値となっています。ここからラーキーらが導
き出した解釈は，「ホットハンドの傾向を持つ選手（ストリークシュ
ーター）は確かにいるのだが，ホットハンド傾向を持つ選手と，逆ホ
ットハンドを持つ選手が両方いるので，全選手の平均を出すと『ホッ
トハンドはない』という結果になっているにすぎない」というもので
す。

　確かに，上の表を見るとそのように見えなくもありません。しかし，
この結果からその結論を導くにはいくらなんでも相関係数が低すぎま
す。この相関係数が統計的に有意なのはラリー・バードだけで，その
相関係数もわずか 0.141 です。「4 番目に大きい」とラーキーらが強
調するヴィニー・ジョンソンの 0.036 という値も，相関係数としては
事実上「ないも同然」と言ってよい値です。

　そこで，ラーキーらは，選手個人のホットハンド傾向をより詳細に
調べるためと称して別の分析を行いました（表 4-4）。

　かなりひねった分析なのですが，表 4-4 の左の 8/8 の列は，「8 回
のシュートの並びのうち，8 回連続でシュートが決まった頻度」を表
しています。例えば，ある選手が一試合で 9 本のシュートを打つと，
「8 回の並び」が 2 つ（1 本目から 8 本目までと，2 本目から 9 本目ま
での 2 つ），「7 回の並びが 3 つ（1 〜 7 本目，2 〜 8 本目，3 〜 9 本
目）」「6 回の並びが 4 つ」（以下略）あることになります。8/8 には，
そのように生まれた「8 回の並び」全てのうち，8 回連続で決めた頻
度が記入されています。ラーキーらの集計期間中に 8 回連続でシュー
トを決めたのは 3 人だけなので，その 3 人のところにしかこの数字が
記入されていないわけです。同様に 7/7 以降では「7 回の並び」以降
について，同様の頻度が記入されています。

表 4-4　シュート成功率の分析（Larkey et al., 1989 より作成）

8/8	7/7	6/6	5/5	4/4	3/3	選手	7/8	6/7	5/6	4/5	3/4	2/3
—	—	.02	.05	.08	.16	Jordan	.11	.16	.19	.24	.38	.49
—	—	.01	.02	.06	.11	Bird	.03	.05	.06	.12	.18	.29
—	—	.02	.05	.10	.18	McHale	.08	.14	.19	.25	.32	.42
.04	.06	.07	.09	.13	.19	Parish	.04	03	.06	.14	.23	.32
—	—	—	.01	.03	.06	D. Johnson	—	.01	.03	.09	.12	.26
—	—	—	.01	.03	.09	Ainge	—	.01	.04	.11	.17	.31
—	—	—	—	.02	.07	D. Wilkins	—	.01	.03	.11	.22	.40
—	—	—	.01	.03	.09	E. Johnson	.01	.04	.09	.13	.21	.28
—	—	.02	.04	.07	.14	A-Jabbar	.03	.08	.12	.16	.24	.31
.01	.02	.03	.05	.08	.11	Worthy	.04	.06	.09	.12	.18	.35
—	.01	.03	.05	.09	.15	Scott	.10	.10	.13	.16	.23	.35
—	—	—	—	.03	.07	Aguirre	—	—	.01	.10	.17	.33
—	.01	.02	.04	.07	.13	Dantley	.04	.06	.09	.16	.26	.39
—	—	—	.01	.04	.10	Laimbeer	—	.01	.08	.17	.25	.36
—	—	.01	.01	.03	.08	Dumars	—	.01	.03	.10	.19	.36
—	—	.01	.02	.04	.08	Thomas	.04	.06	.08	.11	.19	.35
—	.01	.03	.04	.08	.13	V. Johnson	.11	.14	.17	.22	.26	.34
.17	.15	.13	.16	.18	.24	Rodman	—	.05	.10	.11	.22	.36

　表 4-4 の右は，似たような集計なのですが，「連続でシュートが決まった場合」ではなく，「並びの中で 1 回だけ外したが，それがなければ連続だった場合」，例えば，7/8 の列は，○を成功，×を失敗とすると，○○○○×○○○のようなパターンが起こる頻度を表しています。

　ラーキーらは，この値をもとに，「もしも，ホットハンドのような特別な傾向がないとしたら，こうしたことが起こる頻度はどれぐらいか」という「期待値」を計算し，その値を実際の値と比較してみました。その結果が以下のようなものです（表 4-5）。

　例えば，一番下の Rodman の，8/8 のところを見てみますと，7.63 という値になっています。表 4-4 ではその部分の値は 0.17（17％）だったわけですが，この値は数学的に計算された期待値である約 2.2％の 7.63 倍あるということを示しています。

　ホットハンドのような特別な傾向がないのであれば，Rodman が

表 4-5　シュート成功率と期待値の比較（Larkey et al., 1989 より作成）

8/8	7/7	6/6	5/5	4/4	3/3	選手	7/8	6/7	5/6	4/5	3/4	2/3
—	—	.86	.90	.83	.94	Jordan	1.92	1.86	1.40	1.16	1.27	1.20
—	—	1.60	1.33	1.47	1.34	Bird	1.86	1.60	1.05	1.18	.96	.88
—	—	.61	.81	.94	.98	McHale	1.13	1.34	1.22	1.11	1.00	.99
6.56	5.48	3.57	2.37	1.78	1.37	Parish	.89	.42	.54	.80	.84	.83
—	—	—	.64	.94	.87	D. Johnson	—	.49	.83	1.07	.74	.89
—	—	—	.66	.97	1.17	Ainge	—	.53	.88	1.24	1.01	1.02
—	—	—	—	.39	.65	D. Wilkins	—	.36	.47	.86	98	1.15
—	—	—	.82	.80	1.08	E. Johnson	.68	1.78	1.72	1.30	1.15	.89
—	—	1.44	1.80	1.40	1.36	A-Jabbar	1.43	1.99	1.59	1.23	1.10	.88
2.86	3.63	3.11	2.24	1.55	1.10	Worthy	1.90	1.53	1.23	.95	.84	1.00
—	1.30	1.52	1.30	1.17	1.10	Scott	2.46	1.51	1.16	.94	.84	.89
—	—	—	—	.57	.74	Aguirre	—	—	.22	.79	.79	.95
—	1.15	1.49	1.30	1.15	1.08	Dantley	1.38	1.15	.91	.99	1.05	1.05
—	—	—	.31	.90	.97	Laimbeer	—	.25	1.14	1.34	1.11	1.03
—	—	.90	.70	.84	.91	Dumars	—	.27	.49	.86	.95	1.06
—	—	1.06	1.29	1.15	.99	Thomas	2.53	2.19	1.45	1.05	.98	1.07
—	2.29	2.71	1.79	1.73	1.36	V. Johnson	5.69	3.91	2.56	1.82	1.23	.99
7.63	4.26	2.27	1.70	1.24	.99	Rodman	—	.33	.46	.40	.60	.81

　8 回連続でシュートを決められる頻度は約 2.2％でしかないはずなのに，実際はその 7.63 倍である約 17％となっており，他の部分にも 1 よりもはるかに大きい数字が多数みられます。この結果から，ラーキーらは「ホットハンド傾向は実はあるのだが，ギロヴィッチの分析ではその傾向を見逃してしまっただけだ」と主張します。さて，この結論は妥当なものでしょうか？

　どうも，「普通の分析では思った通りの結果が出なかったので，データをこねくり回して何とか思い通りの結果を出した」ように見えます。この論文は学術誌に掲載された論文であるにもかかわらず，著者のヴィニー・ジョンソンへの思い入れが文章の中に全面に出ており，普通の「連続したシュートの成功（表 4-5 左）」の分析ではヴィニーはいまいち突出した値とならなかったので，「一回失敗を挟んだシュート成功の並び（表 4-5 右）」などというひねりにひねった分析までして，何とか「ヴィニー・ジョンソンはすごい」という結論を導き出すため

の涙ぐましい努力をしているように見えてしまいます。こうした，特定の結論を出すためにデータをこねくり回すようなやり方は統計的分析のやり方としては適切ではありません。データを自由自在に「こねくり回す」ことを許容すれば，事実上どんな結論でも出し得るからです。実際のラーキーの意図はもちろん分かりませんが，そう「見えてしまう」分析は適切な分析とは言えません。

　さらに，同 Chance 誌の中で，ギロヴィッチはラーキーの論文への反論を行っており，その中でギロヴィッチは，「自分たちが調べたところヴィニー・ジョンソンが7回連続でシュートを決めた事実は確認できず，ラーキーらの集計ミスである」と指摘したうえで，「そのデータを除外するとラーキーらのヴィニー・ジョンソンについての主張は成り立たなくなる」と反論しました。また，上記の表では連続したシュートの成功（ストリーク）の起こる頻度が「期待値」よりもはるかに大きいことから，ヴィニー・ジョンソンはストリークシューターである，と結論していますが，ギロヴィッチはこの「期待値」の算出方法がそもそも不適切であり，ラーキーらの計算方法では出場時間の少ない選手は低めに出てしまうことを指摘しています。ギロヴィッチは反論した論文の中でラーキーらの扱った18選手の出場時間の表を掲載し，ラーキーらの表4-5で「ストリークシューター」とされる選手，つまりストリークの実際の出現頻度が「期待値」よりも高いとされた選手はみな出場時間が少な目であることを示します。つまり，この選手たちは「ストリークの出現頻度が期待値よりも高い」わけではなく，不適切な算出方法によって「期待値」が適切な値よりも低めに算出されているにすぎないのだ，というわけです。

　長々と読んでいただいて恐縮ですが，要するにどういうことかと言うと，「ラーキーらは，何とか『ストリークシューターはいるよ（ヴィニー・ジョンソンとかね！）』という結論に導くために，ひねりにひねった分析をして何とかそういう結論を出したものの，あっさりギロヴィッチに分析の欠陥を指摘されてしまった」というミもフタもない話です。

　ただ，ラーキーらの論文はともかくとして，最初に発表されたギロヴィッチの分析はかなりアバウトなものであることも確かです。同 *Chance* 誌の中でも，ラーキーらの論文のほかに，「ギロヴィッチの分析は検定力が足りていない」，つまり，データ数が不足していて，本当はあるホットハンド傾向を見逃してしまっている可能性が否定できない，といった指摘をした論文もあります（Swartz, 1990）。

　しかし，図らずもラーキーらの論文がその批判に対する反論になっています。ラーキーらは，ギロヴィッチよりも多数のデータを集めており，そのデータを使った当初の「こねくり回さない」素直な分析ではギロヴィッチらの「ホットハンドはない」という結論が支持されているからです。その後もホットハンドの有無を検討する研究はいくつもなされましたが，はっきりとしたホットハンドを見出す結果は出ていません。ホットハンドの存在を支持する研究が全くないわけでもないのですが，そうした研究でも，ラーキーの論文ほどではないにせよ，かなりひねった分析を行って，ようやく「もしかしたらあるかも？」程度の弱々しい結果を出したものがほとんどです。ホットハンド研究のメタ解析を行った 2013 年の研究でも「ホットハンドはない」というギロヴィッチの主張は支持された，と結論付けられています（Avugos et al., 2013）。

ホットハンドの誤謬と「賭博者の錯誤」

　というわけで，一応，ホットハンドの存在を支持する研究がないわけではないものの，全体としてかなり「ホットハンドはあるよ」派は分が悪い，という状況です。ホットハンドなどというものは全くあり得ない，とまで言っていいかどうかについては議論の余地があるかもしれませんが，心理学の観点から「ホットハンドの誤謬」を考える際にはその点はあまり問題ではありません。もし，「ホットハンドが本当はあるのだが，現在のところ統計的な分析でそれを検知できていないだけである」ということであったとしても，ここまで多くの統計的な研究が行われてもなお，「ある」というはっきりとした証拠が得られな

いような，実に微妙で脆弱な傾向でしかないということははっきりしているわけで，そのような弱い傾向をバスケットボールの観戦やプレーから体感的に感じ取れるとは到底考えられないからです。

　例えば，ある選手はホットハンドの傾向を持っていて，「通常時のシュート成功率は50％だが，シュートを決めた後は60％の確率で成功する」としましょう。これはかなりはっきりとした「ホットハンド特性」であると言えますが，この選手であってさえも，そのホットハンド特性のためにシュートの成否が変化するのは10％，つまりシュート10回に1回です。10回に9回は，この選手の「ホットハンド特性」は「あろうがなかろうがどちらにせよ成功」または「あろうがなかろうがどちらにせよ失敗」であって，実際の結果には全く影響を及ぼさないのです。仮に，この選手が一試合に平均20本のシュートを打っているとします（「一試合平均20本のシュート」というのはNBAの得点ランキングでトップクラスのほんの数名のみ達成する数字です）。ホットハンド特性を示すためにはまず1回シュートを決めなくてはいけません。NBAの選手のシュート成功率は50％前後なので，「シュートを決めた後にシュートを打つ機会」は単純計算で全シュート数の約半分，10本程度になります。つまり，これほどはっきりとしたホットハンド傾向のある選手でも，この選手のホットハンド特性は，一試合に一本余計にシュートを決めさせることもあるが，全く結果に表れない試合もある，という程度の微妙な差でしかありません。「10％」という非現実的なまでに大きなホットハンドを仮定してもその程度なのです。これほどはっきりとしたホットハンド傾向があれば統計的検定に引っかからないわけはありませんから，統計的検定で検出できていないホットハンド傾向がもしあるとしても，これよりももっと微妙な差になるはずで，そんな差を「体感」で感じ取れるとはちょっと考えられません。

　つまり，ホットハンドという傾向がもしあったとしても，それを体感的に認識するのは到底不可能であるような小さな度合いであり，結局のところバスケットボールの選手やファンが体感的に認識している

* もしも，統計的分析で検出できていない「ホットハンド」があったとしても，ファンの持つ「ホットハンドの知覚」の大部分が錯覚であることには変わりがない。

　図 4-2　ファンの持つ「ホットハンド」の信念と実際の結果のギャップ

ホットハンドは少なくともその大部分が錯覚だというのは間違いありません。議論の余地があるのは，「ほんのちょっぴり錯覚でない部分も含まれるのか，それとも 100% 全て錯覚なのか」ということだけです。結論として，人々がホットハンドがあるように感じるという傾向を「ホットハンドの誤謬」と呼び，それが錯覚であるという前提で「そうした錯覚はなぜ起こるのか」という考察を進めてしまっても問題はないでしょう。

　さて，お気づきの人もいるかもしれませんが，実は「ホットハンドの誤謬」と，前章で扱った「賭博者の錯誤」とは表裏の関係にありま

す。

「賭博者の錯誤」とは，ランダムな出来事で，「同じ結果が何度も続いた後では，逆の結果が出やすいかのように錯覚する」傾向でしたね（例・コイントスで表が3回続けて出た後は，裏が出やすいかのように錯覚する）。一方で，この章で扱ったホットハンドの誤謬は，「同じ結果が何度も続いた後では，それと同じ結果が出やすいかのように錯覚する」という傾向と言えます（例：シュートの成功が3回続いた後は，シュートの成功率が高いかのように錯覚する）。

つまり，この2つの現象はランダムな出来事について全く真逆の錯覚をする現象であると言えます。ところが，これら2つの現象はどちらも前章で扱った「代表性ヒューリスティック」で説明されているのです。「賭博者の錯誤」がどのように代表性ヒューリスティックによって説明されるのかは前章で述べたとおりですが，「ホットハンドの誤謬」も同様に代表性ヒューリスティックを用いてこのように説明できます。

　　×○×××○○○○×○××○○○×××○×

この並びは先に示したものと同じ，「ランダムな並び」ですが，すでに述べたように，「ランダムな並び」でも，この並びのように「4回連続」「3回連続」同じ結果になることは頻繁にあります。しかし，そうした「連続」は「シュートの成功は50%である」という事実から連想される「典型的な結果」からは外れています。だから，「こんな典型的でない（代表的でない）結果が出るということは，この並びはランダムではなく，『流れ』やホットハンドのような特殊な傾向があるのだろう」と考える……そういう説明です。

この説明は，以前と同じ説明を「代表性」という用語を使って言い換えたものに過ぎませんが，一応筋は通って聞こえますね。

つまり，「賭博者の錯誤」は，「代表的でない」並びに直面したとき，「この並びは代表的な並びではないので，次の結果は代表的な並びに近

づくような結果になるだろう」と考える傾向，「ホットハンドの誤謬」
は，「代表的でない」並びに直面したとき，「この並びは代表的な並び
ではないので，この並びはランダムな並びではなく，『流れ』や『勢
い』のような特別な傾向がある並びだろう」と考える傾向であると整
理できます。

　これらの説明はどちらも論理的な穴などはなく，それなりに説得力
を持った説明ですが，一つ問題があります。「賭博者の錯誤」と「ホ
ットハンドの誤謬」という「真逆」の傾向を一つの概念で説明しよう
としていることです（「賭博者の錯誤」の「錯誤」と「ホットハンドの誤謬」の
「誤謬」は英語ではどちらも「fallacy」なのですが，それぞれ「錯誤」「誤謬」と訳
すのが定訳のようになっているので，本書でもそのように表記します）。同じ「代
表性ヒューリスティック」によって起こる「錯誤」なのに，なぜバス
ケットボールのシュートの場合はホットハンドの誤謬，ルーレットの
場合は「賭博者の錯誤」と，「真逆」の錯誤が起こってしまうのでしょ
うか？

　その疑問に対するシンプルな答えはエイトンら（Ayton & Fisher,
2004）の実験から得られました。この研究では，通常の「賭博者の錯
誤」の実験のように，ルーレットを模したランダムな2つの結果を予
測させる課題を行わせましたが，その際に「ルーレットの結果の予測」
だけでなく，「自分が予測を当てられるかの予測」も行わせました。そ
の結果，「ルーレットの結果の予測」に関しては「賭博者の錯誤」が
現れました。しかし，一方で「自分の結果の予測の成否」に関しては
「ホットハンドの誤謬」が現れました。つまり，「続けて結果を当てら
れたのだから，次に当てられる確率も高いだろう」と感じる傾向が観
察されたのです。同じ結果に対しての認知なのに，「出目の予測」は
「賭博者の錯誤」を示し，「当てられるか否かの予測」では「ホットハ
ンドの誤謬」を示した，ということになります。これはどういうこと
でしょうか。

　この実験結果が示唆するのは，「人の行為に関する事象に対してはホ
ットハンドの誤謬が起き，そうでないランダム事象に関しては賭博者

の錯誤が起きる」ということです。分かってしまえば単純極まりないことですが，この結果は「ルーレットやサイコロの結果には賭博者の錯誤，バスケのシュートの成否にはホットハンドの誤謬が起こる」ということときっちり辻褄が合いますね。

　この「人の行為の結果であるか否か」が，どちらの錯誤を起こすのかの決め手になるという知見は，ほぼ同時に発表されたバーンズら（Burns & Corps, 2004）の実験でも確認されています。この実験では，2 つの結果があり得る出来事 3 種類（ルーレットの結果，フリースローの結果，ライバルとのセールス勝負）について，「ここまでの 100 回で，それぞれの結果が 50 回ずつ起こったが，直近の 4 回は同じ結果が出ている」という状況を説明した後，次の結果はどうなるか，という予測をさせました。その結果，「ルーレットの結果」に対しては「賭博者の錯誤」が起こり，「フリースローの結果」については「ホットハンドの誤謬」が起こったことから，「人の行為の結果であるか否かが，どちらの錯誤を起こすのかの決め手になる」というエイトンらと同様の結果となりました。面白いのは 3 つ目の条件で，「ライバルと週ごとの売り上げを競っている車のセールスマンが，ライバルと現在 50 勝 50 敗だが，直近の 4 回は勝っている」という出来事に対しては「フリースローの結果」よりも強力な「ホットハンドの誤謬」がみられたのです。

　この結果は，「人の行為である場合はホットハンドの誤謬が起こるが，その行為に『競争』の要因があるときはさらにホットハンドの誤謬は大きくなる」ということを示しています。

　フリースローについてホットハンドを信じていたバスケットボールファンは 68％と，「大多数のファンが信じている」とまではいえない割合だったことを思い出してください。その理由はこの実験結果から説明がつきます。フリースローは文字通り「フリー」であり，相手チームのプレイヤーがそれを邪魔しようとはしないため，通常のシュートに比べて「競争」要因が乏しいからです。

　このように，2004 年に発表された 2 つの論文で，「なぜ，ルーレッ

トの出目については賭博者の錯誤が起き，シュートの成否に関しては
ホットハンドの誤謬が起きるのか」という疑問について一定の示唆が
得られました。

　しかし，これで全てが説明できているとも思えません。話を麻雀に
戻しましょう。確かに，バスケットボールのシュートなどのスポーツ
の結果と，サイコロやルーレットなどの結果「だけ」ならばこの説明
で全て理解できるのですが，麻雀の「流れ」の認知はこの説明では説
明しきれません。

　麻雀はもともとは 4 人のプレイヤーが手作業で「山」を積むゲーム
ですが，1980 年代から機械で山を積む「全自動卓」が普及しました。
「手積み」の時代であれば「山」は人間の行為によって構成されるので，
そこから引いてくる牌について「今まで都合のよい牌を引いてきたの
だから，次に引いてくる牌も良い牌だろう」というホットハンドの傾
向を感じる，というのは上記の結果から理解しやすいのですが，全自
動卓の場合は，「山」は機械によって積まれるので，素直に考えればカ
ジノのルーレットと同様に「賭博者の錯誤」を感じて，「今まで都合の
よい牌を引いてきたのだから，次に引いてくる牌は都合の悪い牌だろ
う」と感じてもよさそうなものです。しかし，全自動卓の普及は 1980
年代なので，麻雀打ちの中に「流れ」を信じない「デジタル派」が出
てきた時期とはリンクしません。また，「流れ」を信じる人が「手積み
卓ならば流れはあるが，全自動卓の場合はない」などと言うのは聞い
たことがありませんし，ネット麻雀の世界でも流れを信じる人はたく
さんいます。このあたり，「ホットハンドの誤謬」と「賭博者の錯誤」
の関係については，何かまだ掘り下げる部分が残っていそうな気がし
ます。あまりありそうもない話ですが，そもそも麻雀の「流れ」の認
知はホットハンドの誤謬とは全く関係ない別の現象であり，この章で
の説明も全て的外れだった，という可能性すらゼロではありません。

　心理学にとっては人間に関する全てが研究対象であり，当然，麻雀
も例外ではありません。欧米では麻雀はあまり知られていないので，
欧米人にとっては「スポーツの結果はホットハンドの誤謬，ルーレッ

トの結果は賭博者の錯誤」ということが分かればそれで疑問点は解消したのかもしれませんが，麻雀になじみ深い我々日本人はそれだけでは説明できないことに容易に気が付くことができます。麻雀をきっかけに，「賭博者の錯誤」という古くからの知見に新たな光が与えられるとしたらなんとも痛快なことです。誰か研究してみませんか。

「あれ…なんでだろ…この流れでこうなるかな…」という事例に出会ったら

- 人は「ランダムな並び」を「流れ」「勢い」のある並びだと判断し，「逆ホットハンド」傾向のある並びを「ランダムな並び」と見なしてしまう傾向があることを思い出そう（Gilovich et al., 1985）
- 「ホットハンドはない」という結論に納得いかなかった何人かの研究者の反論があったが，その結論は揺るがなかったことを思い出そう（Avugos et al., 2013）。
- 「人の行為」によって生成されたランダム系列に対しては「ホットハンドの誤謬」がみられ，そうでない系列に対しては「賭博者の錯誤」がみられるという研究結果を思い出そう（Ayton & Fisher, 2004; Burns & Corps, 2004）

引用文献

Avugos, S., Koppen, J., Czienskowski, U., Raab, M., & Bar-Eli, M. (2013). The "hot hand" reconsidered: a meta-analytic approach. *Psychology of Sport and Exercise*, 14 (1), 21-27.

Ayton, P., & Fischer, I. (2004). The hot hand fallacy and the gambler's fallacy: Two faces of subjective randomness?. *Memory & cognition*, 32 (8), 1369-1378.

Burns, B. D. & Corpus, B. (2004). Randomness and inductions from streaks: "Gambler's fallacy" versus "hot hand". *Psychonomic Bulletin & Review*, 11 (1), 179-184.

Gilovich, T., Vallone, R., & Tversky, A. (1985). The hot hand in basketball: On the misperception of random sequences. *Cognitive psychology*, 17 (3), 295-314.

Gilovich, T. (1991). *How We Know What Isn't So: The Fallibility of Human Reason in Everyday Life*. （守一雄・守秀子訳（1993）人間この信じやすきもの―迷信・誤信はどうして生まれるか．新曜社認知科学選書．）

Larkey, P. D., Smith, R. A., & Kadane, J. B. (1989). It's okay to believe in the "hot hand". *Chance*, 2 (4), 22-30.

Swartz, T. (1990). Letter to the editor: More on the "hot hand". *Chance*, 3, 6-7.

*　*　*

福本伸行（1992）天　天和通りの快男児，5 巻，p.72（近代麻雀コミックス）竹書房.

第4章

制御幻想の話

「コントロールできる」という幻想

「帝愛」の管理する地下の強制労働施設に送りこまれたカイジ。カイジは労働施設の班長，大槻の口車に乗ってサイコロ賭博「チンチロリン」で，支払い能力を超えた大勝負に追い込まれる。この勝負に負ければ，地下でのわずかな給料の半分をも利息として搾取されていくことになるという危機的状況の中，親のカイジは「6」の目を出し，9割方勝ちを確定させる。危機を脱したと安堵するカイジだったが，カイジのその様子を見た大槻は「まだ勝負は終わっていない」との弁を始めた。

「わしは信じていての…
　念が……時にサイの目を左右することを……！」

福本伸行／ヤンマガ KC『賭博破戒録　カイジ』2 巻 p.118 より／講談社
© 福本伸行・講談社

制御幻想とは──サイの目はコントロールできる？

　もちろん大槻のこの弁は，イカサマサイコロを使って勝負どころで
いつもいい目を出すことのカモフラージュにすぎず，おそらく大槻本
人もそのようなことは信じていないと思うのですが，作中の人物は「珍
しいよな…班長が大勝負で負けるの…」などと，その弁を半ば信じて
いるかのような描写もあります。

　確かに作中でも言われているように，バカげた弁ではあるのですが，
現実の世界でも意外とこのような考え，つまり，「(サイコロのような)
本当はコントロールできないものに対して，何らかの方法でコントロ
ールが可能である」といった考えはいろいろな場面で信じられていま
す。

　例えば，天気です。「サイコロ」と同様，「人がコントロールできな
いもの」の代表格と言ってよいものです。しかし，人は「てるてるぼ
うず」のような方法で，それをコントロールできるかのような考えを
持つことがあります。「てるてるぼうず」の効果を信じるのはさすがに
子供のころだけですが，大人でも「雨男」「晴れ男」といった概念を
ある程度真面目に話すことはありますね。雨が降った地域には多くの
人がいるわけですから，一人や二人の個人的な特性によって天候が左
右される，などということはありそうもない話ですが，人によっては
かなり真面目にそのことを話すことがあります。よく言われる「クジ
運」という概念も，「クジ」という本来コントロールできないはずのも
のを，「よい結果」に導くことのできる個人的な特性がある，という考
え方という意味で，似たものだと言ってもよいでしょう。

　人文科学の文脈での報告としては，社会学者のヘンスリン Henslin,
J. M. が，「クラップス」というサイコロを使ったギャンブルのプレイ
ヤーの信念を調査したところ，「強く投げると大きな目が出る」「特定
の場所にぶつけるように投げると良い目が出る」「出て欲しい目をサイ
コロに語りかけると良い目が出る」といった信念を持っていることを
報告しています (Henslin, 1967)。もちろん，実際はそんなことをし

たところで「良い目」が出るはずはありません。にもかかわらず，プレイヤーたちは自分の何か特定の行動がサイコロの目を「コントロール」できるかのような信念を持っていたのです。特に，最後の「出て欲しい目をサイコロに語りかけると良い目が出る」という信念は，まさに大槻の言うような，「念が・・・時にサイの目を左右することを」信じているかのようですね。確かに「バカげて」いますが，こうした信念が実際に見られることを論文という形で報告したのがヘンスリンの論文です。

　ヘンスリンの調査は「参与観察」と呼ばれる方法で，研究対象となるプレイヤーたちの中に入って聞き取り調査等の方法で彼らの信念を調査したにすぎず，あまり科学的なアプローチとは言えないのですが，こうした信念を心理学実験の形に落とし込んで研究したのが，ランガー Langer, E. J. という心理学者です。論文のタイトルは「Illusion of Control」。「制御幻想」という用語を浸透させ，この研究分野の端緒となった論文です。6つの実験を含んだ論文ですが，そのうち4つを紹介します（Langer, 1975）。

「制御幻想」研究の始まり

　この論文の実験1では，参加者に簡単なカードゲームをやらせました。カードゲームといっても非常に単純なもので，二人が一枚ずつ山札からカードをめくり，大きい数字のカードをめくった方の勝ち，というものです。カードゲームと呼んでいいのかも微妙な，単純極まりないゲームですが，この実験ではこうでなくてはいけません。このゲームでは腕前や戦略が入り込む余地はなく，そのことは誰から見ても明白であるようにデザインされています。つまり，プレイヤーが何をどうしようとこのゲームに勝てる確率は常に 1/2，つまり 50% であり，決して変化はしないようなゲームなのですが，にもかかわらず，プレイヤーが「普通（50%）よりも高い確率で勝てる」と感じるようなことがあれば，「制御幻想がみられた」と言えるからです。

　さて，この実験では，参加者は一人の対戦相手とこのゲームをする

110

ことになるのですが，この対戦相手は，参加者たちには「別の参加者である」と説明がされるものの，実は実験者側の「回し者（サクラ）」でした。この実験では条件は2つあり，一つの条件では，対戦相手である「回し者」はきちんとした身なりをしており，ゲーム開始前の手続きもきびきびとこなしました。もう一つの条件では，わざとだらしない服装をした「回し者」が，ゲーム開始前の手続きでわざとおどおどと戸惑ったような様子を見せました。つまり，参加者は「しっかりとした服装で，きびきびと振る舞う対戦相手」か，「だらしない服装で，おどおどと振る舞う対戦相手」のどちらかと対戦することになります。しかし，実際にやるゲームは戦略性も何もない，ただめくるだけのゲームですから，どんな対戦相手だろうと勝つ確率が変わったりはしないのはすでに述べたとおりです。

　この実験では，上記のゲームを4ラウンド行いましたが，それぞれのゲームについて25セントまでのお金を賭けることができました。当然，勝てそうだと思うならば高い金額を賭け，そうでないなら低い金額を賭けるはずですから，実際に賭けられた金額が「参加者がゲームに勝てそうだと思った度合い」と考えられ，その金額がこの実験の従属変数となります。

　その結果，「きびきび」条件の参加者は平均で11.04セント，「おどおど」条件の参加者は16.25セントでした。この差は5％水準で有意であり，「対戦相手によって勝率が変化するような性質のゲームでないにもかかわらず，参加者たちは『おどおどした対戦相手の場合は，きびきびした対戦相手の場合よりも勝ちやすい』と認識していた」ということになります。実際はコントロールできない（勝つ確率が常に50％で変化することはない）ゲームであるにもかかわらず，相手がおどおどしている時はより「勝てる」，つまり「よい結果が出るようにコントロールできる」という気がしたわけです。

　実験2では，2つの会社で，当たれば50ドルがもらえるくじを1ドルで買ってもらうという実験を行いました。その際，2つの会社で売り方を少し変化させました。片方の会社（「選択あり」条件）では，

箱の中から参加者自身にくじを引いてもらいました。つまり，参加者自身が自分でくじを「選択」することが出来たわけです。しかし，もう片方の会社（「選択なし」条件）では実験者が箱の中からくじを取り出し，それを参加者に渡しました。つまり，参加者自身はくじを自分で箱の中から選べなかったわけです。とはいえ，見えない箱の中から選ぶわけですから，自分で選んだとしても別に当たる確率が上がるわけではありません。さて，この実験では，このくじの「当たり」が分かる直前に，くじを買った参加者たちに「もし，今自分が持っているくじを売るとしたらいくらで売りますか？」という質問をしました。当然ながら，「自分の持っているくじは当たる見込みが高い」と思っているなら，その参加者は高い値をつけるはずですね。この値段で，参加者たちの「自分のくじが当たる見込み」を測ろうとしているわけです。この額が従属変数となります。さて，結果ですが，「選択あり」条件ではこの値の平均は 8.67 ドル，「選択なし」条件では 1.96 ドルでした。かなり劇的な結果で，実際には当たる見込みが変わっているわけでもないにも関わらず，自分でくじを選べた参加者たちはそうでない参加者の 4 倍以上の値をつけたわけです。

　実験 3 は，この実験 2 の発展形のような実験です。実験 2 同様に，くじを使った実験なのですが，「くじを自分で選べるか否か」のほかに，「くじの親しみやすさ」という要因の効果を検討しました。具体的には，アルファベットが書いてあるくじと，無意味な記号が描かれているくじの二種類を用意しました。もちろん，くじの記号によって当たる確率が変化したりはしないのですが，「親しみのある記号が描かれたくじに関しては，そうでないくじよりも都合のよい結果を出せるだろう（コントロールできるだろう）」という幻想を持つのではないか，という仮説を検討しています。この実験では 26 種類のカードがあり，そのうちの一種が「当たり」となるくじを使っています。つまり，確率的には当たる確率は 1/26 ということになります。さて，このくじを売った 3 日後に各参加者に，「1/21 の確率で当たるくじと，あなたのくじを交換してもよい」と持ちかけます。普通に考えたら，1/26 の

表 4-1　Langer（1975）実験 3 の結果

	親しみあり	親しみなし
選択あり	62%	38%
選択なし	38%	15%

確率で当たるくじと 1/21 の確率で当たるくじを交換することになるので，この申し出は受けたほうが得なのですが，この申し出に対して「交換したくない」と考えた人は，持っているくじが当たる確率は客観的には 1/26（約 3.8%）であるにも関わらず，1/21（約 4.8%）よりも高いように感じていることになります。さて，表 4-1 がこの申し出を受けず，もともと持っているくじをそのまま保持したいと思った人の比率です。

　この比率は「実際は 3.8% である自分のくじが当たる確率を，4.8% 以上に見積もった」という「制御幻想」を示した人の割合ということになります。実験 2 と同様に，「選択」の効果も出ていますが，「親しみ」，つまり，くじに書かれた記号が見慣れたものであるか否かも制御幻想を大きくする効果が出ていることが分かります。この実験では，実験 2 で得られた「選択できるか否か」が制御幻想を起こす要因である，という知見を確認するとともに，「親しみ（親近性）」のある対象に対しては制御幻想が起こる，ということを示しています。

　また，この論文の実験 4 では，「関与」という要因も制御幻想を起こす要因であることが示されています。この実験では，ボードの上の線上を鉛筆でなぞってゴールまで行く，というゲームを題材にしました。その際，線には 3 股の別れ道があり，そのうちの 1 本の道のみ，そこを通るとブザーが鳴る仕掛けになっており，そのブザーを鳴らすことができれば「勝ち」のゲームでした。いろいろと無駄に凝った仕掛けはしてあるものの，つまるところ「1/3 の確率で勝ちになる」という単純なゲームです。

　さて，この実験では，まず実験 3 で制御幻想を引き起こす要因であることが示された「親近性」の効果をもう一度検討するため，「親近性

「高」条件では，実験の前に，参加者に対して機械の調子が悪いと言って2分間ほどの時間を取り，その間機械を見ていてもらいました。「親近性低」条件ではそのようなことは行いませんでした。また，この実験では新たに「関与」という要因が制御幻想を起こすか，ということを検討するために「高関与条件」として，自分で鉄筆を使って線を辿らせる条件，「低関与条件」として，参加者の指示どおりに実験者が鉄筆を動かして線を辿らせる条件を用意しました。「線を辿る」と言っても，実際にやることは「3つのルートのうち一つを選ぶ」だけですから，どちらの条件でも実質的にやることは変わらないのですが，参加者自身が作業に「関与」するか否かで制御幻想の表れに差が出るのかを確かめようとしています。

この実験では，ルートの選択の前に「どれほど成功しそうと思うか」という自信を10段階で評価するという方法で制御幻想を測定しています。このゲームで，勝てる確率は親近性や関与に関わらず常に1/3ですから，もしも関与や親近性が高い条件では低い条件よりも自信の評定が高ければ「関与や親近性によって制御幻想が起こった」ということになります。

さて，結果です（表4-2）。

実験3と同様に，「親しみ」が制御幻想を起こしているのが分かるとともに，実際に結果に関与すると，その「関与」が結果そのものには影響しない類のものであっても，「都合のよい結果を出せるような幻想」（つまり制御幻想）が起こっていることが分かりますね。

ランガーはこのような実験で，「（サイコロなど）実際はコントロールできないものに対して，コントロールできるという幻想を持つ」現象である「制御幻想」という心理的現象と，それを起こすいくつかの

表4-2　Langer（1975）実験4の結果

	高関与	低関与
親しみあり	6.07	5.67
親しみなし	5.67	3.80

要因を示しました。

制御幻想を起こす4つの要因

　おさらいしましょう。ランガーは，1975年の論文で，以下の4つの要因が「制御幻想」を生む要因であることを示しました。

（1）競争……対戦相手が強そうに見えるか
（2）選択機会……自分で何かを選択する機会があるか
（3）親近性……カードなど，結果に関係したものに親しみがあるか
（4）関与……結果に直接関与できるか

ランガーの実験で採用されたゲームは，実際はこれらの要因によって結果をコントロールすることはできないようにデザインされているのですが，にもかかわらず，これらの要因が「勝てそうな感じ」を左右することを示しました。つまり，これらの要因があると，「実際はコントロールできない結果についても，コントロールできる（都合のよい結果を出すことができる）」幻想を持つ，というのがこの論文で得られた知見です。

　この論文が発表されてから数十年が経ち，多くの「制御幻想」の論文が書かれましたが，この4つの要因が制御幻想を生み出す要因である，という知見は現在でもほとんど変化していません。ランガー以降の制御幻想研究の多くは，ランガーとは別の方法でそれら4つの要因を操作し，それらの要因が制御幻想を引き起こすことを再確認したような研究です。

　例えば，ダンら（Dunn & Wilson, 1990）では，サイコロの目で「当たり」が出れば勝ち，というギャンブルゲームにおいて，「当たりの目を自分で選べる」条件と，「当たりの目があらかじめ決まっている」条件に分けることで「選択機会」が制御幻想を引き起こすかを調べました。その結果，「当たりの目を選べる」条件の参加者のほうが賭ける金額が大きく，また当てる自信が強いという結果を得ました。もちろん，どちらの条件も勝つ確率は1/6で同じなのですが，にもかか

わらず当たりの目を「自分で選べる」場合は当てる自信が多くなるということは,「選択機会」によって制御幻想が起こった,ということになります。これは非常にシンプルな実験ですが,シンプルなりの良さがあります。「選択機会」の要因の効果を検討したランガーの実験では,「くじを自分で引けるか」という要因で「選択機会」を操作していましたが,この手続きでは「くじを自分で箱から引く」という意味で「関与」という要因も発生しているとも言えるので,「関与」と「選択機会」という要因を切り分けしきれていないという問題がありました。その点,ダンらの実験では実験のシンプルさゆえに,複数の要因が混じってしまう可能性は低く,ランガーの実験の問題点が改善された,より明快な知見を示すことに成功しています。

また,ボウトら(Bout & Avermaet, 1992)では,「親近性」の効果を検討するために,普通のトランプカードを使った条件と,縦横の比が通常のカードと違うエジプト風の変わったトランプカードを使った条件で実験を行いました。実験に使われたゲームはランガーの実験のものと同様,技術が入る余地のないゲームなのですが,にもかかわらず通常のカードでゲームを行った条件の参加者のほうが賭ける金額が大きかった,という制御幻想が観察されています。これも,ランガーの実験で「親近性」の要因を操作するために用いた「くじに見慣れない記号が書いてあるか,それともアルファベットが書いてあるか」という方法よりも明らかに良い方法ですね。ランガーの1975年の論文は制御幻想という用語を生み,制御幻想研究という一つの研究分野を作り出した重要な論文ですが,初期の研究だけあって後の目から見ると「突っ込みどころ」も多々あります。こうした後発の研究でそうした「突っ込みどころ」が補完されているわけです。

ギャンブルと制御幻想

さて,再三述べているように,「制御幻想」とは,「実際はコントロールできないものに対して,コントロールできるかのような幻想を持つ傾向」であり,別にギャンブルの研究というわけではありません。

ギャンブル以外でも実際はコントロールできないもの，例えば天気などに対して「コントロールできる」という幻想を持てば，それは制御幻想であると言えます。なので，制御幻想の研究は必ずしもイコール「ギャンブルの研究」ではないのですが，ここまで見たように制御幻想の実験のほとんどはギャンブルを模した実験でその傾向を検討しています。理由は簡単で，「コントロールできないもの」の代表的なものがギャンブルだからです。全てではありませんが，ギャンブルゲームのほとんどはサイコロ，ルーレット，あるいはシャッフルされたカードなどのランダム要素を持っています。当然ながら，そうしたランダムな事象はコントロールすることができません。しかし，人間はそうしたものをコントロールできるような幻想を持ちがちであることは，心理学と関係なく日常の中で誰でも経験します。「それはなぜだろうか」という疑問を解くために始められたのが制御幻想の研究であり，制御幻想の研究はそのスタート地点からギャンブルと密接な繋がりがあったのです。その結果，ランガーらの手によって，おおむね 4 つの要因で制御幻想が起こることが示されたのですが，この知見をもとにギャンブルについて見直してみると，新たな見方をすることができます。

　まず，前提としてギャンブルの仕組みをおさらいしてみましょう。

　ギャンブルにはいわゆる「胴元」と呼ばれる主催者がいます。仲間うちのギャンブルなどの場合は別ですが，カジノや，競馬，競輪などの公営ギャンブルなど，一般にギャンブルと呼ばれるもののほとんどには「胴元」がいます。この「胴元」はギャンブルを主催（開帳）して客から賭け金を集め，ギャンブルに勝った客に集めた金額の一部を「配当」として返します。「一部」と言ったのは，「テラ銭」と俗に言われる胴元の取り分があるからです。

　例えば，サイコロの目を当てれば勝ち，という単純なギャンブルを開催するとしましょう。このゲームで「勝つ」確率は 1/6 です。話を簡単にするために，6 人の客がそれぞれ 1,000 円を，1 ～ 6 の各目に賭けたとします。そうすると胴元のもとには 6,000 円のお金が集まります。この場合，6 人のうちの誰か一人が「勝つ」ことになるので，

その客にお金を払い戻すことになります。しかし，6,000円全てを払い戻してしまったら，胴元は儲からず，そんなギャンブルを開催する意味がありませんので，集まったお金の一部を自身の「取り分」として取ることになります。例えば，このギャンブルで「勝った（目を当てた）時に賭けた額の5倍のお金が返ってくる」と設定したとすると，目を当てた客に5,000円を払い戻し，1,000円が胴元のもとに残ることになります。この「取り分」が俗に言う「テラ銭」で，その比率を「控除率」と言います。このギャンブルの場合，賭けられたお金の総額が6,000円で，胴元の取り分が1,000円ですので，1000/6000で，控除率は約16.7％となります。当然ながら，胴元の取り分がある以上，客側は常に「期待値的には損」な賭けをすることになります。この場合，「勝った場合は6倍のお金（配当）が返ってくる」という設定であれば，客は確率的にちょうど元が取れる賭けとなるのですが，それでは胴元が儲かりませんので，実際の配当はそれよりも小さく設定されることになります。もちろん，いつもこの例のように客たちが全ての目に均等に賭けるとは限りませんから，ゲームの一回一回を見れば，「たまたま」多くの客がサイコロの目を当てたり，多額のお金を賭けた客が勝ったりしたことにより胴元側が損をするということも起こるわけですが，ゲームを多数繰り返せば結果は確率通りに収束していきますので，長くやっていれば必ず胴元は儲かる構造になっているわけです。

　上記の例はギャンブルの図式を非常に単純化したものですが，どのようなギャンブルも基本的にはこの例と同じ構造です。胴元が儲けるために，客は常に「期待値的には損」，つまり，「長くやれば必ず損をする」賭けをすることになるのです。

　そうなると問題が生じます。客に「期待値的には損をする」賭けをしてもらわないと，胴元は儲かりませんのでギャンブルを主催する意味がありません。しかし，「期待値的には損をする」ということは，客は「長くやっていれば必ず負ける」ということです。つまり，ギャンブルの胴元として儲けるためには，「損をすることが分かり切っている

ギャンブルに対してお金をつぎ込ませる」という難題をクリアしなければならないのです。では，どうやってそれを実現すればよいのでしょうか。

　勘のいい人はもうお分かりですね。胴元は，この難題を「制御幻想」を利用してクリアしているのです。客がやっているのは実際には「長くやれば結果は確率通りになるので，必ず損をする」ゲームなのですが，「制御幻想」によって，「確率通りよりはいくらか勝てる」と思ってもらえば，客は「必ず損をするというわけではない」という「幻想」を持つことになるので，「確率的には損をする」ギャンブルであってもお金をつぎ込んでくれるのです。世の中にたくさんあるギャンブルゲームを一つひとつ見ていくと（結果的にではありますが），制御幻想を実に巧みに利用していることが分かります。

　もっとも分かりやすい例として，マカオのカジノで行われている「ファン・タン」というゲームを取り上げてみましょう。このゲームは，まずテーブルの上に置かれたボタンの山に，椀をかぶせてその一部を取り分けます。取り分けたボタンの山から，４個ずつボタンを取り出していって最後にいくつ残るのかを当てればよい，というゲームです。つまり，簡単に言ってしまえば「椀の中のボタンの数は，４で割って余りがいくつになる数か？」ということを当てるゲームであるということであり，客は０から３までの数の中から一つ選んで賭けることになります。しかし，「椀の中のボタンが，４で割って余りがいくつになる数か？」など目で見て分かるわけがありませんので，客は事実上「当てずっぽう」で４つの選択肢を選ぶことになります。そして，当てることができれば 3.75 倍の配当を得ることができます。

　もしも，「1/4 の確率で４倍の配当が得られるゲーム」であれば，このギャンブルはちょうど「元が取れる」計算になるわけですが，実際の配当は 3.75 倍です。この，４倍にちょっと足りない分，すなわち，賭け金の 0.25/4 が，いわゆる「テラ銭」と呼ばれるカジノ側の「取り分」になるわけです。

　以上のように，「ファン・タン」というギャンブルゲームを要約する

と,「1/4 の確率で 3.75 倍の配当を得られるゲーム」ということになります。つまり,確率通りに行けば客は絶対に損をするわけで,普通に考えたらこんなゲームは誰もやりたがらないはずです。しかし,現実にはマカオのカジノではこのゲームがお金を払わせるコンテンツとして成立しているわけですね。これはどういうことでしょうか。「制御幻想」の観点から見るとその謎が解けます。

　このゲームでは「ボタンを 4 つずつ取り去っていって残るのはいくつか?」ということを,0, 1, 2, 3 の 4 つの選択肢から選ぶことになります。実際は,椀の中のボタンの数が正確に把握できるような特殊な能力を持った人間でない限り「当てずっぽう」に答えるしかないわけですから,毎回同じ数に賭けても,その都度残りの数を「予想」しても当たる確率は 1/4 で同じなので,そもそも選択をする意味がありません。ファン・タンを「ゲーム」として見た場合,この選択肢自体がそもそも無意味なのです。しかし,「ギャンブル」として見た場合,この選択肢は重要です。そうした意味のない選択肢をあえて与えることで,制御幻想を起こす要因の一つである「選択機会」を作り出し,客に「制御幻想」を持たせることができるからです。確率通りの 1/4 でしか当たらないのであれば,配当が 3.75 倍である以上,確率的には勝ちようがないので誰もやりたがらないはずなのですが,客に「確率通り(1/4)よりはいくらか余計に当てられる」という「幻想」を持たせることによって,客を呼ぶコンテンツとして成立させているのです。実際に当たる確率は 25% ですが,計算上 26.7%(1/3.75)以上当てられれば儲ける見込みがあることになります。つまり,通常の確率(25%)よりも 1.7% 程度余計に当てられるという「幻想」を客に持ってもらえば,客を呼ぶコンテンツとして成立するのです。ここまで紹介した制御幻想の実験の結果を見れば,たった 1.7% 分の「幻想」を持ってもらうことはさほど難しくないであろうことは容易に想像がつきます。ファン・タンは制御幻想を起こす 4 つの要因のうち,「選択機会」を利用することで客の制御幻想を引き起こし,それを実現しているわけです。

　心理学で制御幻想の研究が始まったのは 1970 年代のことであり，ギャンブルゲームの多くはそれよりはるかに昔からあるわけですから，本当に文字通りの意味で，ギャンブルが心理学で言う「制御幻想」を「利用している」わけではないのですが，ギャンブルの主催者たちはこうした「選択機会」を与えることによって客は実際の確率よりも勝てるという「幻想」を持つことを経験的に知っていたのでしょう。ランガーの論文は，そうした経験的知識を科学的なアプローチで心理学研究に落とし込んだ研究である，という言い方もできます。

　ファン・タンは非常に単純なゲームであり，要約すれば「1/4 の確率で 3.75 倍の配当を得られるゲーム」であることは一目で分かります。実際はここまで分かりやすい構造であるゲームは稀ですが，基本的にギャンブルゲームというのはこれと同じ構造です。分かりやすいか，分かりづらいかの違いでしかありません。

　もう一種目，「バカラ」というギャンブルについて考えてみましょう。2016 年，バドミントンの有力選手が違法カジノでのめり込んだことで話題になった種目です。また，2011 年に発覚した「大王製紙事件」で，大王製紙の会長が会社から借り入れた資金を私的流用して負債を穴埋めするまでのめり込んだ種目でもあります。

　「バカラ」は，「バンカー」と「プレイヤー」という仮想の二人にカードを配り，仮想の二人で行うカードゲームでどちらが勝つかに賭けるゲームです。仮想の二人の間で行われるゲームはトランプのブラックジャックや，花札のオイチョカブに似たゲームで，A は 1 点，2 から 9 は表示どおりの点数で，10，絵札は全て 0 点として数え，全てのカードの点を合計し，下一桁の数字が大きいほうが勝つ，というゲームです。ゲームの流れを整理するとこのようになります。

・客が「バンカーの勝ち」「プレイヤーの勝ち」「引き分け」のいずれかに
　賭ける。
・仮想の二人（バンカー，プレイヤー）に 2 枚ずつカードが配られる。
・仮想の二人のどちらかの点数（2 枚のカードの点数を合計し，下一桁だ

けを見る）が8点か9点であった場合,その時点で点数の高いほうの勝ちとなる。

- そうでなかった場合,ルールで決まった条件に従って仮想の二人に追加のカードを配るか配らないかが決まる。
- 仮想の二人が,配られた2枚,あるいは3枚のカードの点数を合計し,下一桁の点数で勝負する。
- 「バンカー」と「プレイヤー」のどちらかが勝った場合,そちらに賭けていた参加者の勝ちとなる。引き分けであった場合,「引き分け」に賭けていた参加者には8倍の配当が払い戻され,そうでない参加者には「勝負なし」として賭け金が戻される。

「バンカー」と「プレイヤー」の間で行われるゲームは,前述のようにブラックジャックやオイチョカブによく似たゲームですが,一つ違うところがあります。ブラックジャックやオイチョカブには,現在の点が勝てるかどうか微妙な点であるとき,追加のカードを引くかどうかを決断する局面があり,そこに参加者の技術が入る余地があります。しかし,バカラの場合は「追加のカードを引くかどうか」はルールによって決まっており,「引くか引かないか」を考える余地はありません。カードが配られるのは「仮想」の二人であり,実際には判断する人はいないのですから,これは当たり前ですね。

つまり,このゲームに技術が介在する余地はなく,客が結果を左右することは一切できません。また,客が賭けるのはカードが配られる前なので,どちらが勝つのかを推定する手掛かりも一切ありません。「バンカー」と「プレイヤー」がそれぞれ勝つ確率はほぼ同じですが,ルール上わずかながらバンカーのほうが高くなっています（バンカー約45.9%,プレイヤー約44.6%）。「引き分け」に賭けることもできますが,「引き分け」の出現確率は約9.5%です。つまり,1/10よりもやや少ないわけですが,「引き分け」に賭けて「引き分け」となったときの配当は8倍ですから,明らかに見合っていません。つまり,「引き分け」に賭けるという選択肢は明らかに損であり,選択肢としての意味がないのです（カジノにより,引き分けの配当が9倍であること

もあるようですが，それでもまだ損です）。ですので，バカラの唯一にして絶対の戦略は「常にバンカーに賭ける」ということになります。

　しかし当然ながら，カジノで行うゲームは常にカジノ側の取り分（テラ銭）があるわけですから，その「唯一の戦略」を実行しても，長くやっていれば必ず損をすることになります。ですので，「ファン・タン」と同様，普通ならば誰もやらないゲームであるはずです。では，なぜこのゲームがカジノのコンテンツとして成立しているのでしょうか。もうお分かりですね。

　前述のように，「引き分けに賭ける」のは明らかに損であり，選択肢としての意味がありません。また，ごくわずかではありますが「バンカー」に賭けるほうが有利なので，「プレイヤーに賭ける」も戦略的な選択肢としての意味を成していません。つまり，客が選べる3つの選択肢のうち，2つは意味のない選択肢なのです。ですから，バカラというゲームは，そもそも「選択」をすること自体に意味がないのです。それってゲームと呼べるのか？　という話にもなりますが，「ファン・タン」と同様，なぜそんな無意味な選択肢が用意されているのか，という疑問には制御幻想の観点から答えが出てきます。それは，「選択機会」という要因によって客に制御幻想を持たせ，「確率通りよりは勝てる」と思わせることができるからです。バカラの控除率はカジノゲームの中でもとても低く，約1％です。なぜこんなに低いのかというと，カジノの「儲け」はゲームの回数×1ゲームごとのテラ銭なので，回転の非常に早いバカラは1ゲームあたりのテラ銭が少なくても十分儲かるからです。ですので，ほんのちょっぴり「確率通りよりは勝てる」と思ってもらうだけで，客に「儲けることができる」という幻想を持たせることができます。

　また，気づいた方もいるかと思いますが，実はこのゲーム，「バンカー」と「プレイヤー」間のゲームがどのようなルールであるかは全く結果に影響しません。仮に「カードを1枚ずつ配って，単純に数字の大きいほうが勝ち」という単純なゲームでも，あるいはジャンケンであっても，この種目は成立します。しかし，カジノで馴染みのある

ブラックジャックという既存のゲームに似たゲームをやらせることで「親近性」という要因を作り出し，制御幻想を起こす効果があるとも考えられます。

また，バカラでは客がカードを開く際に「しぼり」と呼ばれる，端から少しずつ開いて覗き込むように少しずつ開くようなめくり方がされることがあります。これはルールというわけではなく，ゲームが盛り上がるために客側が自発的にやっていることなので別にやらなくてもいいのですが，これによって制御幻想を生む要因の一つである「関与」という要因が生まれているのはお分かりでしょう。客が自ら「制御幻想」を生み出すための行為を行ってしまっているわけですから，胴元とすれば笑いが止まらないでしょう。

この本での分析はここまでにしますが，ギャンブルの種目というのはほぼ全て，何らかの形で制御幻想を起こしています。胴元側の「取り分」がある以上，「確率通りならばかならず客が損をする」わけですから，「確率通りよりは勝てる」と客に思ってもらわないとコンテンツが成立しないからです。ギャンブルゲームのルールをいろいろ調べてみると，制御幻想という知見が生まれるよりはるかに前からあった種目にも「制御幻想」を生む4つの要因が巧みに織り交ぜられていることに驚かされます。長い歴史の中で，「どのようにすれば勝てるような気になってもらえるか」が試行錯誤されてきたのでしょう。

こうした話を大学の一般教養の授業で話したとき，学生から「パチンコでアニメや漫画が題材のものが多いのは『親近性』を演出するためではないか」との指摘をされ，なるほどと思ったことがあります。私自身はパチンコをしないのでその発想はなかったのですが，確かにそうなのかもしれません。パチンコ業界がどこまでそれを意図してアニメ・漫画原作の台を生産しているのかは分かりませんが，結果的にそういう役割を果たしていることはありそうな話ですね。大変鋭い指摘であり，受講生がこういう指摘をしてくれると一般教養の授業を担当する甲斐があるというものです。

制御幻想は「害」なのか？

　さて，このような話をしていると，「制御幻想」というものは人間の判断を狂わせる，有害なものであるように思えてきます。ここまではギャンブルの話をしてきましたが，ギャンブル以外の分野，たとえば育児でも「制御幻想」が人間の判断を歪めていることを示す研究があります。

　ドノバンら（Donovan et al., 2000）では，制御幻想が育児に及ぼす影響を調べるため，生後 24 カ月の子供を持つ母親を対象とした実験を行いました。この実験では本実験に先立って，子供が生後 5 カ月のときに，母親たちがどれほど強い制御幻想を持っているかを測定されていました。その 19 カ月後，子供が生後 24 カ月の時点で行われた本実験では，母親にしばらくインタビューをし，その間子供にはおもちゃを備えた別室で遊ばせておきました。その後，母親に「子供におもちゃを片付けさせてください」と指示しました。このときの母親の行動と子供の行動がこの実験の従属変数となります。

　この実験ではあらかじめ測定した制御幻想の強さに基づき，母親を「低制御幻想グループ」「中制御幻想グループ」「高制御幻想グループ」という 3 つのグループに分けました。その上で，各グループにおける母親，子供の行動を観察しました。

　すると，「高制御幻想」の母親たちは，「罰」や「脅し」といったネガティブな働きかけを多く行い，さらに「高制御幻想」の母を持った子供は反抗的態度をとりやすい，といった結果が観察されたのです。このことは，母親が強い制御幻想を持っていると，健全な育児が妨げられてしまうということを示唆する結果で，この論文の著者であるドノバンらは，この研究の他にもいくつかの研究で母親の持つ制御幻想の強さと育児との関係を検討し，同様の知見を示しています。「実際はコントロールできないのに，できるような幻想を持ってしまう」という「不正確な認識」こそが制御幻想なのですから，どのような分野であっても，制御幻想が人の判断を歪ませ，不健全な行動をさせるとい

うことは当然起こり得るのです。

　しかし，制御幻想が「百害あって一利なし」かと言うと，そうでもありません。制御幻想の研究をしたランガーは，その後「コントロール感」が精神的な健康に及ぼす影響についての一連の研究を発表しました。

　ランガーらは，コネチカット州にある養護施設を用いた研究を行いました (Langer & Rodin, 1976)。この施設の居住者を2つのグループに分け，片方のグループでは「コントロール感」が得られるような働きかけをしました。具体的には，どちらの居住者にも植物をプレゼントし，また週2回映画を見る日を設定したのですが，片方のグループ（コントロール感グループ）では，植物が欲しいかどうかを尋ねたうえで，いくつかの植物の中から選んでもらい，その世話は居住者自身にやってもらいました。また，週2回の映画を見る日は何曜日か，自身で決めてもらいました。もう片方のグループ（非コントロール感グループ）では，植物は居住者に選ばせず単に配るだけで，その世話も居住者にはやらせずに，スタッフが行いました。映画を見る日も，木曜日と金曜日とスタッフ側が決めました。つまり，「植物」と「映画」という2つの点において，居住者が「コントロール」できるか否かを操作したわけです。そして，3週間後，居住者自身に生活の満足度を尋ね，さらにスタッフに居住者たちの活動性を評価してもらいました。すると，居住者自身の満足度も，スタッフから見た活動性の評価もはっきりと「コントロール感」グループの居住者のほうが高くなっていたのです。

　この実験で用いられた「コントロール感」という要因は，一応は実際に物事をコントロールできているので完全に「幻想」というわけではありませんが，実際に居住者が生活を改善できるような「コントロール」を持ったわけではありません。例えば，「映画を見る日を週3回に増やす」というような「コントロール」を与えられたわけではないのです。なので，「コントロールできる」という「感じ」だけを与えた，という意味では制御幻想でいうところの「コントロール感」と

同じ意味と言えます。この実験結果は，そうしたコントロールしているという「感じ」を持つだけで生活への満足度や活動性にプラスの影響を及ぼすということを示しています。そればかりか，1 年後に行った同じ居住者に対する再調査では，医師による健康度の評定さえもが「コントロール感」グループのほうが有意に高かったのです（Rodin & Langer, 1977）。つまり，「満足度」のような主観的な面だけでなく，客観的な健康度にさえも「コントロール感」はポジティブな影響を与え得る，ということです。

　もう少し新しめの研究では，このようなものもあります。

　グラスら（Glass et al., 1993）では，看護師のいわゆる「燃え尽き（バーンアウト）」とコントロール感との関係を調べました。

　この実験では，ストーニーブルック大学病院勤務の看護師に「自分は自分の仕事の影響を見ることができる」「自分は自分のチームの方針に影響を与えられる」などの，自分の仕事の主観的なコントロール感について尋ねる質問をしました（「全くそう思わない」から「非常にそう思う」までの 5 段階評価）。そして，同大学病院の教授に，看護師の部署それぞれについて「（その部署では）看護師は自分の仕事の影響を見ることができる」「（その部署では）看護師は自分のチームの方針に影響を与えられる」という，看護師にした質問を客観的評価に言い換えた質問をしました。この 2 つの質問の「引き算」がいわば，その看護師が自分の仕事について感じている「制御幻想」であると言えます。例えば，部署 A に勤務している看護師が，「自分は自分のチームの方針に影響を与えられる」という質問に「非常にそう思う（5 点）」と答えたとします。しかし，大学教授の客観的評価では「看護師は自分のチームの方針に影響を与えられる」という質問に「全くそう思わない（1 点）」と評価されていたとすると，その差分の 4 点は「実際はコントロールできていないのに，自分ではコントロールできていると思っている」という「制御幻想」を持っている状態であると言えます。もちろん，大学教授の客観的評価はあくまでも一般論なので，「5 点」と答えた看護師がチームの中でかなり特殊な立場で，本当にチー

ムの方針に大きく影響を与えている可能性もないわけではありませんが, そのような看護師は非常に稀でしょうから, 何人かいたとしても多数の看護師の結果を平均して考えればさほど問題にはなりません。

　さて, この「差分」をこの論文では「DS」と呼んでいますが, その「DS」と, 看護師の「燃え尽き」傾向（この実験では, MBI 尺度というアンケートで測定されます）の関連を調べたところ, 「DS」が大きい看護師ほど,「燃え尽き」傾向が小さいという結果が明らかになりました。つまり,「実際以上に, 自分の仕事が結果に影響を与えているという『幻想』を持っている看護師ほど『燃え尽き』しづらい」ということです。

　看護師の「実際以上に, 自分の仕事が結果に影響を与えているという幻想」は, 悪く言うならば「現実逃避」とも言えるし, もっと悪く言うならば「思い上がり」とさえ言えるのですが, その「幻想」を持っている看護師は「燃え尽き」をしづらいのです。これは直観的にも理解しやすい話ではあります。「自分の仕事が結果に大きく影響を及ぼす」と思っていれば, 仕事に張り合いが出ますよね。

　こういった,「コントロール感」が精神や身体の傾向に良い影響を及ぼしていることを示す研究は数多くあり,「コントロール感」は, たとえそれが幻想であっても精神の安定のために必要であることが示されています。

　つまり,「制御幻想」は, 人に不正確な認識をもたらす「害」であると同時に, 人に精神の平衡をもたらす「利」であるという二面性を持っていると言えます。

　先に「母親が強い制御幻想を持っていると, 母親の働きかけが高圧的になり, 子供の反抗的な行動が多くなる」という傾向を示したドノバンらの研究を紹介しましたが, 実はこの研究の結果でまだ説明していなかったことがあります。先ほど述べたように, この研究では母親らを「低制御幻想グループ」「中制御幻想グループ」「高制御幻想グループ」という３つのグループに分けて分析しています。「母親の行動」に関しての分析は,「高制御幻想グループ」の母親が, 他の２グルー

プの母親よりも「高圧的な働きかけをすることが多い」というシンプルな結果なのですが，母親ではなく子供の行動に注目してみると，実は「高制御幻想グループ」の母の子供と，「低制御幻想グループ」の母の子供の「反抗的な行動」は同程度であり，もっとも「反抗的な行動」が少なかったのは「中制御幻想グループ」の母の子供だったのです。

　つまり，この研究の結果を「子供の反抗的行動」のみに着目してみると，「ほどほどに制御幻想を持っていた母親の子供がもっとも反抗的な態度を取らなかった」ということになります。この結果をそのまま素直に受け止めれば，「ほどほどに制御幻想を持っている母親がもっとも健全な育児をしていた」と解釈できます。

　育児という限られた文脈の，かなり特殊な状況での実験結果であり，さらにその結果のごく一部のみを取り上げた知見でしかないので，この結果を「ほどほどに制御幻想を持つことがもっとも健全である」というように一般化できるかは不明ですが，「害であると同時に利でもある」という制御幻想の二面性から考えれば理解しやすい知見ではあります。

　このように，制御幻想は害だけでなく，多くの面で利益ももたらすという制御幻想の二面性を示す研究は数多くあります。とはいえ，制御幻想の「害」の部分が，時として致命的とも言える様な害悪をもたらし得ることは間違いありません。制御幻想を正しく理解することで，制御幻想という心理的傾向の「いいとこ取り」をすることができれば理想なのですが。

「わしは信じていての…念が…サイの目を左右することを…」という事例に出会ったら

- 制御幻想を引き起こす4つの要因「選択機会」「関与」「競争」「親近性」のことを思い出そう（Langer, 1975）
- バカラやファン・タンといったギャンブルの種目がどのように制御幻想を利用しているのかを思い出そう（本章 p.119 〜）

・制御幻想は，ギャンブルの文脈だけでなく，育児などの日常の判断においても人の判断を誤らせる要因になり得ることを思い出そう (Donovan et al., 2000)

引用文献

Bouts, P. & Van Avermaet, E. (1992). Drawing familiar or unfamiliar cards: Stimulus familiarity, chance orientation, and the illusion of control. *Personality and Social Psychology Bulletin*, 18 (3), 331-335.

Donovan, W. L., Leavitt, L. A., & Walsh, R. O. (2000). Maternal illusory control predicts socialization strategies and toddler compliance. *Developmental Psychology*, 36(3), 402.

Dunn, D. S. & Wilson, T. D. (1990). When the stakes are high: a limit to the illusion-of-control effect. *Social cognition*, 8 (3), 305-323.

Glass, D. C., McKnight, J. D. & Valdimarsdottir, H. (1993). Depression, burnout, and perceptions of control in hospital nurses. *Journal of consulting and clinical Psychology*, 61 (1), 147.

Henslin, J. M. (1967). Craps and magic. *American Journal of Sociology*, 73, 316-330.

Langer, E. J. (1975). The illusion of control. *Journal of personality and social psychology*, 32 (2), 311.

Langer, E. J. & Rodin, J. (1976). The effects of choice and enhanced personal responsibility for the aged: a field experiment in an institutional setting. *Journal of personality and social psychology*, 34 (2), 191.

Rodin, J. & Langer, E. J. (1977). Long-term effects of a control-relevant intervention with the institutionalized aged. *Journal of personality and social psychology*, 35 (12), 897.

*　*　*

福本伸行 (2001) 賭博破戒録　カイジ，2巻，p.118 (ヤンマガ KC) 講談社.

第5章

反実思考の話

「あの時ああしていれば」の心理学

　アストロまっ殺をもくろむビクトリー球団とアストロ球団の一戦。一回裏，ビクトリー球団の一塁手，伊集院大門はアストロ球団の六番打者，高雄球六の「アンドロメダ大星雲打法」から放たれた燃える打球を胸板で止め，傷を追いながらもアウトにする。続く二回表，打席に立つ大門は胸の傷の報復としてショートの守りにつく高雄球六を標的に選んだ。アストロの投手・宇野球一は手のひらの傷を利用した強度の変化球「七色の変化球」で大門を打ち取ろうとするが，大門はそれを完全に見切り，球六の顔面に強烈なライナーを直撃させた。球六の負傷退場に伴い試合は一時中断されるが，そのインターバル中に球一が後悔の言葉を吐いた。

　　「あの新魔球さえ投げておればむざむざ球六を〜っ
　　　大門のえじきにされずにすんだものを〜っ」

原作：遠崎史朗，作画：中島徳博／ジャンプコミックスセレクション『アストロ球団』
8巻 p.98より／集英社 © 遠崎史朗・中島徳博・集英社

反実思考——「if only」の心理学

　私はこの『アストロ球団』という作品に強い思い入れがあります。世代的にリアルタイムでは接していないのですが、「なにやら強烈な漫画らしい」というような漠然とした知識は持っていました。そのため高校生のときに古本屋で見かけた際に好奇心で立ち読みしてみたのですが、すぐにそのパワーに圧倒され、古本屋を巡り歩いて単行本を買いそろえた記憶があります。今のように Amazon で買えるような時代でもなく、当時は足で探すしかなかったのですが、今でもだいたいどの巻をどの古本屋で買ったのか思い出せるほどです。そして、本来野球好きの私はその後もさまざまな野球漫画に接しましたが、今もってこの漫画は私の中で特別な位置を占めています。

　それはともかく、引用したシーンをもう少し説明しましょう。アストロ球団の投手・宇野球一は、アストロ打倒のために結成されたビクトリー球団との試合に備えて、新魔球を編み出すためにわざと手をドリルでえぐり、深い傷跡をつけていました（そういう漫画なのです）。そしてビクトリー戦の一回表で、手のひらの傷跡を利用した強度の変化球「七色の変化球」を初披露し、ビクトリー打線を三者凡退に切って取っています。

　そのため、チームメイトさえも「傷を利用した新魔球」というのはこの「七色の変化球」のことだと思っていたのですが、実は「七色の変化球」は文字通り単に「強力な変化球」にすぎず、傷を利用した新魔球、「ファントム魔球」は未だ温存されていたのです。そして宇野球一は「七色の変化球で打ち取れる」と見くびってファントム魔球を温存し、結果的に球六が倒されてしまったことを悔やんでいるのです。

　ここで注目していただきたいのは、球一の台詞の中の「あの新魔球さえ投げておれば」というところです。「〜さえしていれば」というのは英語では「If only 〜」と表現しますが、まさにその「if only」がキーワードである「反実思考（counterfactual thinking）」、あるいはそのまま「if only 効果」と呼ばれる傾向について調べた一連の研究があ

ります。

カーネマンらは，以下のような問題を考案しました（Kahneman & Tversky, 1982）。

> 「クレイン氏とティース氏は同じ時間の別の飛行機で出発する予定でした。彼らは同じバスで空港に向かいましたが，そのバスが渋滞に会い，空港に着いたのは飛行機の出発時間の 30 分後でした。クレイン氏の乗る予定だった飛行機は予定の時間通りに出発しました。一方，ティース氏の乗る予定だった飛行機は離陸が遅れ，離陸したのはティース氏が空港についた 5 分前でした。さて，より動揺した（upset）のはどちらだと思いますか？」

このような質問をしたところ，96％の実験参加者が「ティース氏」と答えたと報告されています。この際，参加者たちはクレイン氏，ティース氏の両名について，「もし自分がその状況になったらどう思うだろうか」ということを想像し，「ティース氏の立場になったときのほうが動揺するだろう」と考え，そのように答えたと考えられます。

しかし，「飛行機に乗り遅れた」という客観的な状況はどちらも同じです。なのに，なぜ大多数の人が「ティース氏」と答えるのでしょうか。答えは簡単です。

「こうしていればあと 5 分早く空港に着くことができた」というイメージと，「こうしていればあと 30 分早く空港に着くことができた」というイメージは，どちらが思い浮かびやすいでしょうか。もちろん前者ですね。

つまり，ティース氏のほうが「〜さえしておれば（if only）飛行機に乗れた」という仮想の結果をより思い浮かべやすいのです。そして，仮想の結果（「飛行機に乗ることができた」）が思い浮かんでしまうと，どうしてもそれを実際の現状（飛行機に乗れなかった）と比較してしまいます。その結果，ティース氏のほうがより「動揺」してしまう，ということです。

このように，「仮想の結果」を頭に思い浮かべることを「反実思考」

と呼び，その「反実思考」がどのように，どれほど起こるかによって，客観的な状況は同じであっても現状の評価，感じ方が変わってくる傾向について多くの研究がなされています。同じ論文のなかで，別の問題も取り上げられています（Kahneman & Tversky, 1982）。今度の問題には2つのバージョンがあり，2つのグループに分けられた参加者はそのうちどちらかを読んで，回答することになります。

　「ルート」バージョン
　「ジョーンズ氏は47歳，三児の父で銀行の役員です。彼の妻は数カ月前に家で病気になりました。ある日，ジョーンズ氏はいつもと同じ時間にオフィスを出ました。彼は妻の要望で，家事のために早めに帰ることがしばしばありましたが，その日はその必要がありませんでした。その日は非常に天気が良かったので，彼はいつもと違う海辺の道を通って景色を楽しみながら帰ろうとしました。
　その事故は大きな交差点で起こりました。ジョーンズ氏が交差点に差し掛かった時，信号が黄色になりました。目撃者は，ジョーンズ氏が交差点を通過できそうであったにも関わらず，急ブレーキを踏んだと主張しています。彼の家族は，こうしたことがジョーンズ氏の運転でよくあることだと認識していました。ジョーンズ氏が交差点にさしかかった時，軽トラックがスピードを出して突っ込んできき，ジョーンズ氏の車に激突しました。ジョーンズ氏は即死でした。後の検証で，トラックに乗っていたのは10代の少年で，ドラッグを服用していたことが分かりました。
　さて，こうした状況に陥ったとき，ジョーンズ氏の家族はどんなことについて「〜でさえあれば（If only 〜）ジョーンズ氏は死ななくてすんだのに」と考えると思いますか？　あなたの想像を書いてください」

　「時間」バージョン
　「ジョーンズ氏は47歳，三児の父で銀行の役員です。彼の妻は数カ月前に家で病気になりました。ある日，ジョーンズ氏は妻の要望で，家事のために早めに帰宅しました。ジョーンズ氏は非常に天気が良い日にはいつもと違う海辺の道を通って景色を楽しみながら帰ることがありますが，その日はいつもと同じルートで帰りました。
　その事故は大きな交差点で起こりました。ジョーンズ氏が交差点

に差し掛かった時，信号が黄色になりました。目撃者は，ジョーンズ氏が交差点を通過できそうであったにも関わらず，急ブレーキを踏んだと主張しています。彼の家族は，こうしたことがジョーンズ氏の運転でよくあることだと認識していました。ジョーンズ氏が交差点にさしかかった時，軽トラックがスピードを出して突っ込んでき，ジョーンズ氏の車に激突しました。ジョーンズ氏は即死でした。後の検証で，トラックに乗っていたのは 10 代の少年で，ドラッグを服用していたことが分かりました。

　さて，こうした状況に陥ったとき，ジョーンズ氏の家族はどんなことについて「〜でさえあれば（If only 〜）ジョーンズ氏は死ななくてすんだのに」と考えると思いますか？　あなたの想像を書いてください」

　さて，この 2 バージョン，違うのは事故前の状況だけで，描写された事故の状況そのものは全く同じ，質問も全く同じです。違うのは，「時間」バージョンでは，ジョーンズ氏は「ルートはいつもと同じだが，いつもと違う時間に帰宅した結果事故に遭った」こと，「ルート」バージョンでは「時間はいつもと同じだが，いつもと違うルートで帰宅した結果事故に遭ったこと」のみです。しかし，この質問に対する回答の傾向は双方のバージョンで異なっていました。「時間」バージョン，つまりいつもと違う時間に帰宅したバージョンでは 62 人中 8 人しか「別のルートを通っていれば」と答えなかったのに，「ルート」バージョン，つまり，いつもと違うルートを通ったバージョンでは 33 人がそう答えたのです。一方，「別の時間にオフィスを出ていれば」と答えた人は「時間」バージョンでは 16 人でしたが，「ルート」バージョンではたった 2 人でした。つまり，「いつもと違う行為をした結果事故に遭ってしまった」という状況では，その「いつもと違う行為」を悔いに思うだろう，と考えたということです。

　この結果を，冒頭の『アストロ球団』の台詞に倣い，「〜さえしておれば（if only）」という表現を使って言い換えれば，以下のようになります。

　　ルートはいつもと同じだが，いつもと違う時間に帰宅した結果事
　故にあった場合……「いつもと同じ時間に帰っていれば，事故に合
　わなくても済んだものを」という悔いを持ちやすい。

　　時間はいつもと同じだが，いつもと違うルートで帰宅した結果事
　故に遭った場合……「いつもと同じルートで帰っていれば，事故に
　合わなくても済んだものを」という悔いを持ちやすい。

　恐らく，これを読んでいる人の多くも同じように考えるのではない
でしょうか。当然といえば当然の感じ方ではあります。
　しかし，考えてみてください。いつもと違うルートで事故に遭った
状況であっても，ジョーンズ氏がほんの少しいつもより遅くか早くに
帰宅していれば事故には遭わなかったはずですね。同様に，いつもと
違う時間に帰ったために事故に遭った状況でも，いつもとほんの少し
でも違うルートを通っていれば事故に遭わなかったはずです。その他，
「～でさえあれば事故に遭わなかった」という仮想の出来事は無数に挙
げることができます。なぜ，その無数の出来事の中で，真っ先に「い
つも通りにしなかったこと」が挙げられるのでしょうか。
　「いつもと違う」例外的なことを真っ先に挙げるのは心情的には全く
当然ではありますが，客観的，合理的に見れば，「～さえしておれば事
故に遭わなかった」という事柄の候補となる無数の要因の中で，「い
つも通りにしなかったこと」を優先して特別扱いする理由は実はない
のです。そもそも「特別扱いする合理的な理由がない」状況として，
この問題文は設定されています。にもかかわらず，人は無数の要因の
中から真っ先に「いつも通りにしなかったこと」を「～さえしておれ
ば」という要因として挙げるのはなぜでしょうか。当たり前のようで
すが，真面目に考えると意外と不思議なことなのです。
　そして，このことは重要な問題でもあります。前の問題で示された
ように，「反実思考」がどのように，どれほど起こるかによって，客観
的な状況は同じであっても現状の評価，感じ方が変わってしまうから
です。

「反実思考」の社会的意味

　さて，この「現状の評価」というところが重要です。ここまで見た問題で示されたのは，反実思考によって「どれだけ動揺するか」「どのように悔いに思うか」という「感想」が変化する，ということでした。それだけのことならばそれほど重要な問題ではないように思えるかもしれませんが，話はそれでは収まりません。「反実思考」によって変化する「現状の評価」というのはこういった「感想」だけではなく，直面した状況に対する「判断」「分析」，あるいは「行動」にも影響を及ぼしてしまうという研究結果が多数報告されているからです。

　例えば，ミラーら（Miller & McFarland, 1986）の研究では，事件や事故の犠牲者を描写した文章を読ませ，その犠牲者やその遺族に対して補償金をどれほど出すのが適切だと思うか，を尋ねました。実験 1 では，客としてコンビニに行った人が，たまたまコンビニ強盗に遭って拳銃で撃たれ，右腕を失ってしまったという犠牲者について記述された文章を参加者に読ませました。その後，「同様の被害を受けた犠牲者には通常 50 万ドル程度の補償金が支払われている」と説明したうえで，0（0 ドル）から 10（100 万ドル）の 11 段階で，「どれほどの額がこの犠牲者に支払われるのが適切か」という質問をしました。その際，犠牲者の状況をわずかに変えた 2 種類の問題がありました。片方は「通常」条件で，被害者はいつも行っているコンビニに行った結果，被害に遭ったと描写されていました。もう片方は，「通常でない」条件で，被害者はいつものコンビニが休みだったので，いつもと違うコンビニに行った結果被害に遭ったと描写されていました。

　その結果，「通常」条件での参加者の回答の平均値は 4.52，「通常でない」条件での参加者の回答の平均値は 5.37 で，この差は 5％水準で有意でした。

　当然ながら，どちらの条件でも，被害者の受けた損害はどちらも同じ，「拳銃で撃たれて右腕を失った」というものです。にもかかわらず，この人に払われる「適切な」補償金の額の評価が違っていたので

す。この2つの条件の違いは，被害者が「いつもと同じコンビニで被害に遭ったか，いつもとは違うコンビニで被害に遭ったか」だけです。受けた被害とは何の関係もない，「どのコンビニで被害に遭ったか」によって補償金の額の評価が変わったのです。

また，同論文の実験2では，同様に飛行機事故の犠牲者の遺族に支給される補償金の額を評価させました。飛行機が雪国で墜落し，怪我をしながらも徒歩で近くの町に向かった犠牲者が町から1/4マイル，あるいは75マイルの地点で力尽きて死んだ，という状況を読ませた後，実験1と同様の方法で遺族に払われる補償金はどれほどが適切だと思うか，という質問をしました。その結果，「1/4マイル」条件では平均7.0，「75マイル」条件では5.38でした。

これらの問題は，すでに紹介したカーネマンらの実験と同じような実験を従属変数を変えてやり直したものにすぎませんが，社会的な意味合いは大きく異なります。客観的な被害状況は全く変わらないのに，「いつも通りの行動だったか」「あともう少しで助かったか」という点が異なるだけで，その犠牲者に対して「適切な補償金の金額」という社会的な「評価」が変化することが示されているからです。この結果はあくまで心理学実験として行った評価の結果なので，実際の社会的場面でも同様のことが起こるかは未知数ではあるのですが，もし起こったならば由々しき話であることはお分かりでしょう。反実思考は，「感想」だけでなく現在の状況に対する「判断」「評価」も変化させてしまうことをこの実験は示しています。

また，犯罪被害者に対する評価に反実思考が影響することを示した研究も多数あります。

マクレイら（Macrae et al., 1993）では，「3カ月のバケーションに行った家族が，帰宅する前夜に押し込み強盗に遭った」または，「3カ月のバケーションに行った家族が，ちょうどバケーション期間の真ん中の日に押し込み強盗に遭った」というシナリオを読ませました。その後，「この犯罪の被害はどれほど重大なものだと思うか」「犯人にどれほど厳しい罰を与えるべきだと思うか」といった質問をしたとこ

ろ，「帰宅前夜」状況のほうが，「被害が重大であり，犯人に厳しい刑罰を与えるべき」と評価されました（実験1）。

　もちろん，この実験でも今までの実験と同様に，犯罪被害の客観的な状況は全く同じであるように描写されています。しかし，「帰宅前夜に被害に遭った」，つまり，「あと一日強盗が来るのが遅ければ被害に遭わなかった」という，「もう少し」で犯罪に遭わなくて済んだという状況のほうが，より重大な被害であり，より厳しい刑罰を与えられるべき犯罪であると評価されたのです。「犯罪被害の客観的な状況は全く同じ」と書きましたが，被害そのものの状況は同じであっても，「帰宅前夜」状況のほうが少なくとも3カ月のバケーションは（ほぼ）完全に楽しめたわけで，いくらかましな状況とも言えるのですが，そちらのほうが重大な被害であると評価されたわけです。

　同論文の実験2では，「いつもと同じルートを通った結果強盗に遭った被害者」または「いつもと違うルートを通った結果強盗に遭った被害者」のシナリオを読んでもらい，実験1の同様の質問をしたところ，「違うルート」を通った被害者のほうが，「被害が重大であり，犯人に厳しい刑罰を与えるべき」と評価されました。

　これらの結果は，初期の反実思考の実験の質問を「感想」を尋ねる質問から「評価」を尋ねる質問に変えただけであり，当然予測できる結果ではあるのですが，意味するところは重大です。もし，この傾向が現実の場面での人間の社会的な判断にも広く当てはめることができるとすれば，社会的にも大きな意味を持つ傾向であることは疑いようがありません。

どんな「反実思考」が起こりやすいか

　再三述べているとおり，反実思考がどのように，どれだけ起こるか，つまり「〜さえしておれば〜のような結果になっていたものを」という考えがどのように，どれだけ思い浮かぶかによって現在の状況に対する評価，判断が変化する，というのが反実思考研究の要諦です。なので，このことを考える際に重要になるのは，「どのような反実思考

139

が起こりやすいか」ということです。反実思考を起こす要因というのはいくつか指摘されていますが，まず一つは今まで紹介した実験でも取り上げられた「結果の近さ」です。最初に紹介した「クレイン氏とティース氏」の問題では，30 分遅れたクレイン氏よりも，5 分遅れたティース氏のほうが「～さえしておれば飛行機に乗れたものを」という反実思考を起こしやすく，そのために「動揺」しやすい，という結果でしたね。その後に紹介した，ミラーら（Miller & McFarland, 1986）の「飛行機事故」を題材とした実験でも，町から 1/4 マイルの地点で死んでしまった犠牲者のほうが，75 マイルの地点で死んでしまった犠牲者よりも「～さえしておれば死なずに済んだものを」という反実思考を起こしやすく，そのためより犠牲者に対する同情が生まれた，という結果でした。この，「もう少し」で別の結果になっていたか，という「結果の近さ」要因が「反実思考」を生む要因の一つです。これは直感的にも分かりやすい話ですね。「～さえしておればあと 5 分早く空港に着けたものを」という考えのほうが「～さえしておればあと 30 分早く空港に着けたものを」というよりも容易に頭に浮かぶのは論理的にも当然ですし，日常でも「もうちょっとで駄目だった」ために悔しい思いをする，という経験は誰しもしています。

　「クレイン氏とティース氏」の問題では「5 分」という「時間」，飛行機事故の問題では「1/4 マイル」という「距離」が問題となっていますが，ここで言う「近さ」とは，そうした物理的な「近さ」だけではありません。

　おそらく「反実思考」研究の分野でもっとも取り上げられることの多い有名な研究にメドヴェクら（Medvec et al., 1995）の，オリンピックのメダリストを題材とした研究があります。メドヴェクらは，反実思考の知見を基盤に，「銅メダルを取ったアスリートは銀メダルを取ったアスリートよりも大きな喜びを感じるのではないか」という仮説を立てました。そのため，バルセロナオリンピックの競技終了後と表彰式の映像を集めた動画を編集し，その動画を参加者に見せて，「どれほど嬉しそうに見えるか」を査定してもらいました。以下がその結果

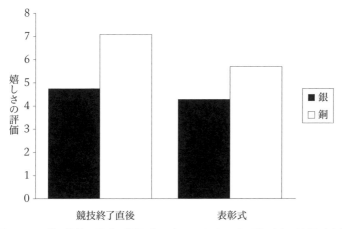

図 5-1　メダル獲得の喜びの評価（Medvec, Madey, & Gilovich, 1995 より）

です（図 5-1）。

　左が競技終了直後（Immediate），右が表彰式（Medal stand）の結果で，黒い帯が銀メダリスト，白い帯が銅メダリストの評定です。どちらの場合も，銅メダリストのほうがより喜んでいると評価されていることが分かります。つまり，「より良い結果を出した人のほうが，より喜びが少ない」という，ある意味矛盾した結果となっています。この結果は以下のように解釈されます。

　銀メダルというのは，最高の結果である金メダルの次に良い結果です。言い換えれば，銀メダリストというのは「金メダルという最高の結果にもっとも近かった人」とも言えます。そのため，「あそこで～さえしてさえおれば金メダルだったものを」という，実際の結果に「近い」結果，すなわち「金メダル獲得」という「反実思考」が起こりやすく，それと「銀メダル獲得」という現実の結果を比較してしまうため，喜びが控えめになってしまうものと考えられます。

　一方，銅メダリストはどうでしょう。同じように言い換えると，銅メダリストというのは「もう少しで表彰台に上がれなかったかもしれない人」と言うことができます。つまり，銅メダリストにとっては「金

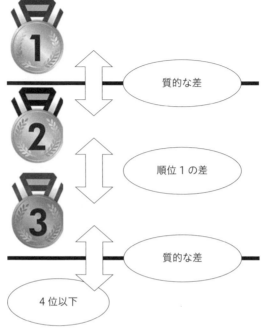

図 5-2　金・銀・銅メダル受賞間の質的な差と量的な差

メダル」という最高の結果よりも，「メダルを逃す」という結果のほう
が「近い」のです。そのため，「あそこで〜さえしてさえおれば金メダ
ルだったものを」という「上向きの」反実思考よりも，「あそこで〜し
ていたらメダルを取れなかった」という「下向きの」反実思考のほう
が起こりやすく，それと実際の結果を比較するために嬉しさが銀メダ
リストよりも大きかったと考えられます。この論文の実験2では，こ
の解釈の正しさを確認するためにメダリストの競技後のインタビュー
を分析しています。その結果，銀メダリストのほうが銅メダリストよ
りも「もう少しでもっと良い結果になったのに」といった内容のコメ
ントをしている頻度が高いことが分かり，この解釈の正しさが支持さ
れました。この研究も「結果の近さ」という要因が「反実思考」の起
こり方に影響し，ひいては現在の状況の評価に影響を及ぼすというこ

とを示した結果であると言えます。

　別の要因として,「例外性」が挙げられます。これは, すでに「ジョーンズ氏」問題で見たような,「いつもと違う行動であったか」という要因です。これは「反実思考」に影響を及ぼす要因の中ではもっとも主要なものとされ, 多くの研究でその効果が確認されています。また, いくつかの研究で,「能動的な行動の結果生まれてしまった悪い結果は, 行動をしなかった結果生まれてしまった悪い結果よりも後悔の感情が大きくなる」ということも報告されていますが, これも「例外性」から説明することができます。

　カーネマンら (Kahneman & Miller, 1986) では, このような問題が使用されました。

　　　　ポール氏はA社の株を持っています。昨年, 彼はB社の株に買い換えることを検討しましたが, 考えた末に買い換えるのをやめました。彼は, もしも株を買い換えていたら今より 1,200 ドル儲けられていたということに気づきました。
　　　　ジョージ氏はB社の株を持っていましたが, 昨年, 彼はA社の株に買い換えました。彼は, もしもB社の株を買い換えずにそのまま持っていたら今より 1,200 ドル儲けられていたということに気づきました。あなたはどちらの人物がより後悔したと思いますか?

　この問題では, 92%の回答者が「ジョージ氏」と答えました。つまり, 回答者たちは「買い換えてさえおれば 1,200 ドル儲かったものを」というポール氏の状況よりも,「買い換えてさえいなければ 1200 ドル儲かったものを」というジョージ氏の状況のほうがより後悔するだろう, と評価したわけです。つまり,「買い替え」という能動的な行動をした結果起こった「損」のほうが,「買い替え」という行動をしなかった結果起こった「損」よりも強い後悔を生むだろう, ということです。

　この問題における独立変数は,「行動した結果か, それとも行動しなかった結果か」という「能動性」ですが, この結果は「例外性」とい

う観点からも解釈することができます。ジョージ氏はずっとB社の株を持っていたのだから，「B社の株を保有している」というのが「通常」の状態であり，その「通常」の状態を「A社の株を保有している」という「通常でない」状態に変更した結果1,200ドルの「損」をした，だからより後悔の念が大きかった，とも解釈できるからです。

　この問題でも分かるように，常にではありませんが，多くの場合は「能動的な行動をすること」イコール「例外的な状況を作ること」，「行動しないこと」は「例外的でない状況を保つこと」である，というふうに言い換えることができます。かつては，「行動した結果か，それとも行動しなかった結果か」という「能動性」も「反実思考」の表れに影響する重要な要因の一つとして数えられていたのですが，後の研究で，結局のところその要因は「例外性」と同一のものだ，という指摘がなされ，「例外性」という要因の中に取り込まれる形で考えられるようになりました。

　宇野球一は「新魔球を投げる」という行動をしなかった結果としてチームメイトが倒されてしまったことに激しい後悔を感じているので，この知見とは矛盾するようですが，そもそも温存された新魔球ファントム魔球は，伊州院大門を筆頭とするビクトリー球団の主力に対して，旧来の魔球であるスカイラブ投法が通用しないことを悟って開発したものであり，当の大門を前にしてその新魔球を「あえて」温存した，という行動は「例外的」な行動としてカウントされ，そのために宇野球一はあれほど強い後悔の念を持ったのでしょう。多分。

　もう一つ重要な要因として指摘されているのが，「コントロール性」です。つまり，「自分の意志で左右できる出来事」については反実思考が起こりやすいということです。

　ジロドら（Girotto et al., 1991）は，さまざまな出来事のせいで帰宅時間が遅くなってしまったところ，自宅で妻が心臓発作で倒れているのを見つけて蘇生を試みるもすでに遅く，妻を死なせてしまった「ビアンキ氏」という人物の状況を説明しました。つまり，もう少し早く帰宅できていれば，妻を死なせずに済んだかもしれない人物の描写を

したということです。

　帰宅を遅くさせた4つの出来事というのは以下のとおりです。

　（1）駐車場から車を出そうとした時，トラックのせいでなかなか出られ
　　　なかった。
　（2）帰り道で羊の群れが道を横切った。
　（3）帰り道に邪魔な倒木があった。
　（4）自宅のある村に着いてから村のバーに寄った。

　そうしたビアンキ氏の状況を読んでもらった後に，もっとも「これさえなければビアンキ氏の妻は死なずに済んだ」と思われる出来事を自由記述で書かせました。それぞれの出来事について書いた人の割合は以下のとおりです。

　トラック……14.2%
　羊の群れ……14.7%
　倒木　　……18.8%
　バー　　……25.0%
　その他　……27.3%

　「その他」というのは，「ビアンキ氏がもっと仕事を早く切り上げていれば」「ビアンキ氏が帰宅途中で妻に電話をかけていれば」といった，上の4つの出来事以外の出来事です。自由記述なので，そういった内容もそれなりの割合を占めていますが，それを除けば「バー」を選んだ人の割合がもっとも多くなっていますね。つまり，ビアンキ氏が自らの判断によってとった行為のほうが，不運にも降りかかってきた3つの出来事よりも「このことさえなければ妻は死ななかった」と判断されていることになります。この問題では，「ビアンキ氏の妻は健康そのもので，心臓が悪い兆候はなかった」というような描写がされており，ビアンキ氏が「妻の身を案じて，バーに寄るのをやめる」とい

うような判断はできない状況として描写されています。確かに「バーに寄る」という行為はビアンキ氏の自由意志による判断，つまり「コントロールできる」出来事なのですが，ビアンキ氏に妻が心臓発作で倒れる状況を予測する術がない以上，実際のところ他の3つの「不運な」出来事と本質的には違いはありません。先述のジョーンズ氏の問題における「例外的な」行動と同様に，「～さえしておれば妻は死ななかったものを」という出来事として「バーに寄った」という行動を特別扱いする理由はないのです。そういった状況でも，自分の意志でコントロールできる出来事を「特別扱い」して，真っ先に「～さえしておれば」という要因として挙げる傾向はさまざまな研究で報告されています。

　まとめますと，「反実思考」に大きな影響を及ぼすとされる要因は「結果の近さ」「例外性」「コントロール性」の3つです。この3つで全てというわけではないのですが，特に大きな影響を及ぼすとされる要因はこの3つなので，この本ではこの3つ以外の要因には触れないことにします。

「反実思考」の功罪

　さて，ここまで，「どのような要因が反実思考に影響するのか」「反実思考の結果，どのような人間の振る舞いが形作られるのか」を見てきました。さまざまな実験を紹介してきましたが，それらは全て，人が「本来，評価や判断とは関係のない要因を判断材料として評価，判断をしてしまう」という，人間の「エラー」を示した問題である，と言えます。

　では，「反実思考」というのは，人間に「エラー」をもたらす有害な傾向，習性なのでしょうか。

　確かに，そうした一面があるのは間違いありません。事故や犯罪への被害者の補償金の金額，犯罪の重大性の評価など，社会的な判断においても，客観的には判断材料とはならないはずの要因によって「反実思考」が影響を受け，それによって判断，評価が変化してしまう，

という実験結果を紹介してきました。こういったことが現実の世界で起こったら，それはまさに「有害」としか表現のしようがないでしょう。

　また，反実思考がもたらす感情的な悪影響も指摘されています。例えば，最初に紹介したクレイン氏とティース氏の問題は，「あと少し」で飛行機に乗り遅れたティース氏の状況のほうが，より動揺する，ということを示した実験でした。客観的な状況は同じなのに，「〜さえしておれば飛行機に間に合ったものを」という反実思考によって動揺が増しているとすれば，「反実思考」によって「余計な」「無駄な」動揺をしてしまっていることになります。

　また，オリンピックのメダリストの実験を思い出してください。反実思考と現実の結果を比較することによって，銀メダリストの「喜び」が減じてしまい，銅メダリストよりも嬉しさが少ない，という逆転現象が起こるという話でした。せっかく「銀メダル」という銅メダル以上の結果を残していながら，反実思考のために銅メダル受賞よりも少ない喜びしか感じられないとしたら，なんとももったいない話です。反実思考は，そのような感情的な「無駄」を生んでしまうのです。

　しかし，悪いことばかりではありません。反実思考という人間の習性は，「物事の原因を特定し，将来の行動を改善する」という重要な機能を持っているのです。

　ここまで，「結果の近さ」「例外性」「コントロール性」という要因によって，反実思考が影響され，それによって「エラー」が生まれる，といった説明をしてきました。こうした説明に違和感があった人もいるかもしれません。

　例えば，現実の場面で何か「例外的な行動」を取った後で，何かまずい出来事が起こったとします。こうした場面で，「そのまずい出来事が起こったのは『例外的な行動』のせいだから，次からはその『例外的な行動』をやめよう」と考えたとします。この考えは，「反実思考」の実験で実験参加者の多くが示したような考え方を現実の場面にあてはめたものだと言えますが，この考えはそれほどおかしい考え方でし

ようか。

　そんなことはありませんね。もちろん常に正しいわけではありませんが、「エラー」呼ばわりされるほど的外れな考え方では全くありません。先述したように、「例外性」を実験要因とした実験, 例えば「ジョーンズ氏」問題のような問題は, 意図的に「例外的な行動」を「特別扱いする」理由がないような状況として描写されています。しかし, 現実の場面では「例外的な行動」を「特別扱い」することは必ずしも非合理でおかしな考えだというわけではありません。

　「コントロール性」についても同様です。現状を分析し, 次に生かそうと考えるとき, 自分の判断ではどうしようもないことについて考えるよりも, 自分の判断で左右できた事柄について考えたほうが有意義であるのは論を待ちません。「コントロールできる」出来事を「特別扱い」して考えることもまた, 必ずしも非合理な考えではないということになります。

　「結果の近さ」についても同様で, 一般的には「全く成功からかけ離れた失敗」については「どうすればよかったのか」などとあまり考えても仕方なく,「あと少しでうまくいっていた」場合について考えるほうが有益なのは明らかであり, 必ずしも非合理ではありません。

　現状について分析, 評価をするとき, 「あと少しでの失敗」「例外的な行動」「コントロールできる出来事」を「特別扱い」する考え方は不合理な人間の「エラー」などでは全くなく, むしろ起こったことの原因を特定し, 今後の行動を改善するためには非常に有益な考え方なのです。

　ただし, 今の説明の中で「必ずしも」非合理でおかしな考え方ではない, という表現を繰り返し使いました。問題はここです。ジョーンズ氏やビアンキ氏の問題では, 「例外的な行動」「コントロールできる出来事」を「特別扱いする」合理的な理由がないような状況が描写されていましたが, そうした状況であっても, 人はおかまいなしにそれらの要因を「特別扱いする」ことが示されてきました。確かに, その「特別扱い」それ自体は「必ずしも」おかしな考えではないのですが,

現実の場面でも「ジョーンズ氏」問題，「ビアンキ氏」問題のように，「例外的な行動」「コントロール可能な行動」を「特別扱い」することが非合理である場面はたくさんあります。「ジョーンズ氏」問題，「ビアンキ氏」問題で記述された状況を改めて読んでみると，これ以上ないほど明白に「特別扱いする理由がない」状況として描写されていることが分かります。そうした状況にもかかわらず多くの人が「特別扱い」してしまったのだから，より複雑な現実の場面ではどうなのか，想像に難くありません。

　まとめますと，「例外的な行動」「コントロール可能な行動」を「特別扱い」することは「エラー」などでは全くなくむしろ有益な考えなのですが，その考えを「状況によらず常に」適用してしまうと重大なエラーにつながってしまう，ということです。エラーを生むのはその考え方そのものではなく，「その考え方を状況によらず常に適用すること」なのです。

反実思考を活用するには

　しかし，そうした危険性があってもなお，反実思考が人間にとって重要な意味を持った機能であることには変わりありません。起こってしまったまずい出来事の原因を特定し，将来の行動を改善するために（本来は）有益なものである，というのはすでに述べた通りですが，それだけではありません。

　先ほど，反実思考によって人は「無駄な」動揺をしてしまったり，「無駄に」喜びを減じてしまったりする，という表現をしました。あり得たかもしれない「より良い結果」と比較するのは確かに感情的には愉快な話ではなく，負の感情を生み出してしまいますが，長い目で見ればそれも人にとってプラスの作用をもたらすこともあります。例えば，メドヴェクら（Medvec et al., 1995）の実験の銀メダリストのことをもう一度考えてみましょう。確かに，銀メダリストは，「～さえしておれば金メダルだったものを」という反実思考によって喜びが減じてしまいました。しかし，その銀メダリストが，その反実思考をバネ

にしてより上を目指す動機が強くなったとしたらどうでしょう。一時的には「無駄に」喜びを減じさせるだけの結果ですが，長期的に見れば銀メダリスト本人にとってプラスになっていることになります。

　これは単なる精神論的な話ではありません。より良い「仮想の結果」と比較する「上向きの」反実思考が意欲を増し，挑戦する意志を高めることを示した研究が複数あります。

　例えば，ランドマンら（Landman et al., 1995）では，33歳，および43歳の女性に，「あなたは自分のキャリア，その他の人生に重要な事柄について，魅力的な機会を逃してしまったことがありますか？」と尋ねました。この質問は，聞き方は違いますが，「あの機会を逃していなければもっと良い結果になっていたものを」という「上向き」の反実思考を尋ねたことになります。すると，キャリアやライフスタイルなど，多くの事柄について，「機会を逃した」という「上向き」の反実思考をした女性のほうが，自分の将来について希望や意欲を持っているという傾向が観察されました。

　また，単に「意欲が上がる」だけではなく，「上向きの」反実思考をすると課題のパフォーマンスが上がるという実験もあります。ローズ（Roese, 1994）では，10題1セットのアナグラム課題を2セット行わせることで反実思考の実験を行いました。最初に，参加者を3つのグループに分けて第1セット（10題）のアナグラム課題を行ってもらいました。その後，1題1題の解答時間に応じて得点が計算され，10題分の合計得点を参加者に提示しました。そして，第2セットを行う前に，各グループの参加者に「こうしていればもっとも良い点数にできていた（「上向き」条件）」，あるいは「こうしていたらもっと悪い点数になっていた（「下向き」条件）」という反実思考をするように指示しました。もう一つのグループは統制群で，こうした反実思考はさせませんでした。この反実思考の方法の違い（「上向きの反実思考をさせる」or「下向きの反実思考をさせる」or「反実思考させない」）がこの実験の独立変数となります。この課題では参加者が「反実思考」をする余地があるようにするため，アナグラムをする単語のジャンル（「科

学」「生活」など），問題についていくつかの選択肢がありました。

　そして，反実思考を終えた後で，第 2 セットのアナグラム課題をやってもらいましたが，この第 2 セットの得点が第 1 セットの得点と比べてどれほど向上していたか，がこの実験の従属変数となります。まとめますと，このような実験になります（表 5-1）。

　さて，この課題で，最初の 10 題の平均得点は 296.8 点でした。しかし，次の 10 題では，472.0 点になっていました。どのグループの参加者も，最初の 10 題で問題に慣れたわけですから，点数が向上すること自体は当然ですが，この得点の上昇度合いをグループごとに比較するとどうでしょう。以下がその結果です（図 5-3）。

　「upward（上向き）」条件は，「downward（下向き）」条件，および統制（control）条件（反実思考なし）に比べてはっきりとパフォーマンスがよくなっていますね。つまり，「こうしていればもっと高い点数を出せた」という「上向きの」反実思考をした参加者は，「こうしていたらもっと低い点数になってしまっていた」という「下向きの」反実思考をした参加者よりも得点を大きく向上させることができたのです。

　実に素朴な実験であり，「どうすればうまくできたかを考えたほう

表 5-1　アナグラム課題実験の独立変数と従属変数

独立変数		
参加者にどのような反実思考をするように働きかけるか	上向き（upward）	第 1 セッション終了後，「どうしたらもっと良い結果になっていたか」を考え，その後で第 2 セッションを行う
	下向き（downward）	第 1 セッション終了後，「どうしたらもっと悪い結果になってしまっていたか」を考え，その後で第 2 セッションを行う
	統制群（control）	第 1 セッション終了後，反実思考をせずにそのまま第 2 セッションを行う
従属変数		
課題成績の向上		第 2 セッションの得点が第 1 セッションよりも何点向上したか

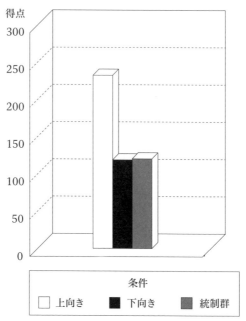

図 5-3　アナグラム課題の得点の上昇度（Roese, 1994 より）

が，その後でうまくやることができる」という当たり前といえば当たり前のことを示しただけの実験ではあるのですが，「上向きの」反実思考の威力がこうもはっきりと心理学実験という形で示されるとなかなか興味深いものがあります。「下を見ても仕方ない，上を目指そう」というようなことはよく言われますが，そうした言説は決して単なる精神論ではないということをこの実験結果は示しています。

　ここでは分かりやすい研究を２つ取り上げましたが，他にも「上向きの」反実思考がプラスの影響をもたらしていることを示す研究は多数あります。

　さて，「反実思考」は人にとって「害」でもあり「益」でもある，という「制御幻想」の話と同じような結論になりましたが，幸いなのは「反実思考」はマイナスの面を最低限にとどめ，プラスの部分の恩恵だけを受ける「いいとこ取り」が制御幻想より遥かに容易なことです。

　「例外的な行動」「コントロール可能な行動」を「特別扱い」することは有益な考えだが，その考えを「状況によらず常に」適用することで重大なエラーが生まれる，という説明をしました。ならば，「いいとこ取り」をするためにやるべきことは簡単です。「常に」適用することをやめればよいのです。「反実思考」の研究から，人はどのような状況を「特別扱い」して反実思考をするのかは明らかになっているのですから，それらの要因「例外性」「コントロール性」を「特別扱い」するのはこの場合正しいのだろうか，と考えればよいのです。簡単ですよね。改めて考えてみると，現実の場面でも「特別扱い」することが適切でない状況は意外とたくさんあり，かつ，そうした状況でも多くの人が「特別扱い」してしまっていることに気づくと思います。

　私の経験を話しましょう。私は年齢的にファミコン（ファミリーコンピュータ）直撃世代ですが，そのころに「ゼビウス」から始まる「無敵技」というものがある種のムーブメントになったような時期がありました。これはタイトル画面などで特定の操作をするとミスしても死なないようになるという「裏技」で，今考えるといったいそれの何が面白かったのか全然分からないのですが，小学生だった私もそうした「無敵技」を嬉々としてやっていました。ところが，あるとき友人（以下，Aとします）宅で「スターフォース」の無敵技をやろうとしたとき，Aが「前に無敵技をしたらファミコンが壊れたのでやらない」と言い出しました。もちろん，これは勘違いで，ソフト上の操作でハードウェアであるファミコンが壊れるなどということがあろうはずはありませんので，私はAにそのようなことを言いました。しかし，Aは「だって壊れたもん！」と，どうしても納得しませんでした。

　Aが「無敵技」という「例外的な操作」をしたらその後にファミコンが壊れた，それは事実なのでしょう。しかし，だからといって「〜さえしていなければ壊れなかったものを」という要因の候補として，「無敵技」を「特別扱い」し，「無敵技をしたらファミコンが壊れた」と結論づけるのは明らかに間違いです。しかし，当時の私はAの考えが間違っていることだけは分かったのですが，小学生の身ではそれを

説明する言葉を持たず，Ａを納得させることはできませんでした。しかし，この章を読んだ人は，Ａの何が間違っていたのか，なぜそのような間違いをしたのか分かりますね。別にＡを馬鹿にして，「自分は正しかった」などとドヤ顔したいわけではありません。Ａがしたような間違いは多くの人が共通して犯すありふれた間違いであることを，多くの反実思考の研究は示しています。

　こんな話ならば害はないのですが，時としてこうした間違いは大きな社会的影響も及ぼし得る，ということもこの章を読んだ方にはお分かりいただけるのではないでしょうか。

　蛇足ですが，冒頭の「あの新魔球さえ投げておればむざむざ球六を〜っ。大門のえじきにされずにすんだものを〜っ」という反実思考は「新魔球を投げなかった」という行為の「例外性」を「特別扱い」しているわけですが，この「特別扱い」は適切な「特別扱い」であると言えるでしょう。話の枕にしておいて何ですけども。

「〜さえしておれば〜っ，この結果にはならなかったものを〜」という事例に出会ったら

- 「例外性」「コントロール性」「結果の近さ」という３つの要因が人間の「反実思考」を導くことを思い出そう。（Kahneman & Tversky, 1982, Girotto et al., 1991, Medvec et al., 1995）
- その要因を「特別扱い」すべきでない状況でも，人はそれらの要因を「特別扱い」して反実思考をしてしまうことを思い出そう（同上）。
- 「反実思考」は「どう思うか」という「感想」だけでなく，社会的な「判断」「評価」にも影響を及ぼし得るという知見を思い出そう。（Miller & Mcfarland, 1986, Macrae et al., 1993）

引用文献

Girotto, V., Legrenzi, P., & Rizzo, A. (1991) . Event controllability in counterfactual thinking. *Acta Psychologica*, 78 (1-3), 111-133.

Kahneman, D. & Miller, D. T. (1986) . Norm theory: Comparing reality to its alternatives. *Psychological Review*, 93 (2), 136.

Kahneman, D. & Tversky, A. (1982) . The simulation heuristic. In D.

Kahneman, P. Slovic, & A. Tversky (Eds.), *Judgment under uncertainty: Heuristics and biases* (pp.201-208). New york: Cambridge University Press.

Landman, J., Vandewater, E. A., Stewart, A. J., & Malley, J. E. (1995). Missed opportunities: Psychological ramifications of counterfactual thought in midlife women. *Journal of Adult Development*, 2 (2), 87-97.

Macrae, C. N., Milne, A. B., & Griffiths, R. J. (1993). Counterfactual thinking and the perception of criminal behaviour. *British Journal of Psychology*, 84 (2), 221-226.

Medvec, V. H., Madey, S. F., & Gilovich, T. (1995) . When less is more: counterfactual thinking and satisfaction among Olympic medalists. *Journal of personality and social psychology*, 69 (4), 603.

Miller, D. T. & McFarland, C. (1986) . Counterfactual thinking and victim compensation: a test of norm theory. *Personality and Social Psychology Bulletin*, 12 (4), 513-519.

Roese, N. J. (1994) . The functional basis of counterfactual thinking. *Journal of personality and social Psychology*, 66 (5), 805.

＊　　＊　　＊

遠崎史朗原作，中島徳博作画（1990）アストロ球団，8巻，p.98（ジャンプコミックスセレクション）集英社.

第 6 章

計画の錯誤の話

「完璧な計画」ほど不可能になる理由

　東方仗助は，軍隊スタンド「バッド・カンパニー」を操るスタンド使い虹村形兆と対峙する。病的な几帳面さを持ち，何事にも綿密な予定を立てなければ気がすまない虹村形兆は，戦いの前に仗助に対して「まず，足を撃って動けなくし，次に腕にダメージを与えてガードをできなくし，その後頭を吹っ飛ばす」と予告した。その予告に対して，仗助は挑発的な言葉を返す。

　「なるほど，完璧な作戦っスねえーっ
　　不可能だという点に目をつぶればよぉ～」

荒木飛呂彦／ジャンプコミックス『ジョジョの奇妙な冒険』30 巻 p.110 より
／集英社 © 荒木飛呂彦・集英社

「計画の錯誤」とは

　心理学の世界に,「計画の錯誤 (planning fallacy)」という用語が
あります。この用語が心理学の文献の中に初めて登場したのは 1979
年のことで,「人々が, 過去の計画の失敗について知っていても, プロ
ジェクトの完了に要する時間や予算を過小評価する傾向」とされてい
ます。この記述だと何を言っているのか少々分かりづらいですが, 誰
でもピンと来る格好の例があります。「夏休みの宿題」です。

　毎年, 夏休み前に「一日にこれだけやる」という計画を立て,「こ
のペースでやれば 8 月 20 日には終わるので, 残りの 10 日は遊び放
題!」などというバラ色のストーリーを描くものの, 実際は 8 月 25
日を過ぎても半分近く手つかずで, 8 月 31 日になってもまだ残って
いて, 最後の一日で必死に片づける……そういったことは多くの人が
経験してきたことだと思います。その度に, 親に「だらしなさ」「無計
画さ」を叱られたり, 自己嫌悪に陥ってきたりしたことでしょう。に
もかかわらず, 次の年にもやはり同じことを繰り返してしまう……。
これも, 多くの人が経験してきたことと思います。これこそがまさに
「計画の錯誤」です。ミソは, 単に「宿題の完了にかかる時間を過小評
価してしまう (楽観的な予測をしてしまう)」だけではなく,「毎年過
小評価している」という経験をしているにもかかわらず, その経験を
生かして「過小評価」を克服することができない, ということです。
先ほど, 計画の錯誤の定義として「人々が, 過去の計画の失敗につい
て知っていても, プロジェクトの完了に要する時間や予算を過小評価
する傾向」と書きましたが, この定義の中の「過去の計画の失敗につ
いて知っていても」という部分が「計画の錯誤」という心理的傾向の
ミソなのです。

　「計画の錯誤」というのは夏休みの宿題である, と簡単に言ってしま
えばただそれだけのことなのですが, これは単なる「あるある」話だ
けでは収まりません。

　例えば, アメリカのコンサルティング会社であるスタンディッシュ

グループが 1994 年から発表しているレポートでは，IT 事業のうちどれほどが予定通り実現できたのか，ということが分析されており，プロジェクトを「success（予定の予算，期限内に実現できた場合）」，「challenged（実現はできたが，予定の期限，予算をオーバーしてしまった場合）」，「failed（実現できなかった場合）」に分類していますが，このレポートの 2015 年版では，success の割合はわずか 29% でした（challenge52%，failed19%）。2015 年版が特別「success」の割合が低いわけではなく，success= 約 30%，challenge=50%，failed= 約 20% という割合は毎年ほぼ一貫しており，大半のプロジェクトが予定通りの予算，期間で実現できていないことが毎回報告されています。

　このスタンディッシュレポートは「IT 事業を予定通り進めることの難しさ」を表すレポートとしてよく引用されるのですが，実は IT 事業以外でもだいたい事情は同じようなもので，企業の研究開発や公共事業など，さまざまな分野で同様の傾向があることが報告されています。「計画の錯誤」についての大規模なデータベースを構築した研究者であるフリウビアの論文では，以下のようなデータが提示されています（Flyvbjerg, 2008）（表 6-1）。

　この表はコストについてのみ表したものですが，例えば「鉄道」ならば，フリウビアのデータベースの中に集められた鉄道事業は，平均して 44.7% の予算オーバーをしていた，ということです。おおむね当初予定していた予算の 1.5 倍弱を要してしまったということになりますね。他 2 種の事業も鉄道ほどひどくはないものの，やはり大幅に予算オーバーをしてしまっています。

表 6-1　事業別の予算超過額（不正確さ）の平均比率
（Flyvbjerg, 2008 より）

事業のタイプ	「不正確さ」の平均
鉄道	44.7%
橋，トンネル	33.8%
道路	20.4%

こういった報告は多くの分野で昔からされており，大規模なプロジェクトに関わるような人々は当然そのことも知っているはずなのですが，それでも，「プロジェクトの完了に要する時間や予算を過小評価する傾向」はなくなることはないのです。スケールは違いますが，まさに我々の子供時代の「夏休みの宿題」のようですね。

「計画の錯誤」という概念について最初に言及した心理学者はここまでも何度か名の出たダニエル・カーネマンです。カーネマンはイスラエルで高校生に意思決定と判断について教えるためのカリキュラムと教科書を作るプロジェクトを立ち上げたときの経験について話しています。カーネマンはある時，プロジェクトのメンバーに，「このプロジェクトが完成するまでにどれほどの時間がかかるか」を予想させたところ，カーネマンを含めて全員の予測が一年半から二年半の間に収まっていました。カーネマンを戸惑わせたのは，その後の出来事です。このエピソードはカーネマンら（Kahneman & Lovallo, 1993）で紹介されていますが，カーネマンが後に著した一般向けの書籍『ファスト＆スロー』でも言及されており，こちらは日本語訳もありますので，少し長くなりますが引用させてもらいます。

　　そこで私はまたまた思いつきで，カリキュラム作りのエキスパートであるセイモアに対し，これまでに私たちと似たようなチームがゼロからこの手のプロジェクトに臨むのを見たことがあるか，と質問した。当時は「新しい数学」のような教育改革がさかんに行われていた頃で，セイモアは相当数見たことがあると答えた。（略）そこで私は質問した。「では，そうしたチームがいまの私たちの段階まで進捗した時点を思い出してほしいのです。この段階から教科書の完成まで，何年ぐらいかかりましたか」

　　セイモアはしばらく黙ってからようやく答えたが，その顔は紅潮しており，自分で自分の答に困惑しているように見えた。「そうだな，このことに全く気づいていなかったのだが，正直に言うと，われわれと同じような段階に到達したチームの全部が全部，プロジェクトを完了したわけではない。かなりのチームが，完成に至らなかった」

　　これは懸念すべき事態である。私たちは，失敗する可能性など考

えてもいなかった。私の不安は募った。いったいどのぐらいの割合で失敗に終わったのかと訊ねると，おおよそ四〇％という返事である。いまや部屋中に重苦しい雰囲気が垂れ込めた。次に質問すべきことははっきりしている。「では，完成したチームは何年ぐらいかかりましたか」。これに対する答はこうだった。「七年以下というチームはなかったと思う。だが，一〇年以上かかったチームもなかった」

私は藁をもつかむ思いで訊ねた。「これまで見てきたチームと私たちを比べて，どう評価しますか。私たちのスキルやリソースは，どの程度のランク付けになるでしょうか」。セイモアは，今度は躊躇なく答えた。「われわれは平均以下だ。だが，大幅に下回っているわけではない」。いやはや，全員にとって驚天動地の出来事である。全員，というのはセイモアも含めてだ。セイモア自身の予想も二年半以下の範囲に収まっていたことを忘れてはいけない。私が質問するまで，彼はこれまでの経験といまのチームの将来予測とを結びつけて考えようとしなかったのである。

セイモアの言葉を聞いたときの私たちの心理状態は，単に知ったことだけではうまく説明できない。たしかに私たち全員が，チームの見通しとして「最低七年＋失敗の確率四〇％」という数字のほうが，ほんの数分前に紙に書いた予想より可能性が高いことを知った。それでもこの新しい予想は，現実のものとは思えなかった。なぜなら，いまこんなに順調なプロジェクトになぜそんなに長い年月がかかるのか，どうしても想像できなかったからである。

さて，このようなことがあったのですが，結局のところこのプロジェクトの完成にはどれほどかかったのでしょうか。カーネマンによると，完成したのはこの時点から８年後だったとのことです。なんと，セイモアが挙げた，「過去の同種のプロジェクト」とおおむね同じ結果だったのです。

なぜ計画の錯誤は起こるのか

さて，ここまで読んだ方は，この話と冒頭の「ジョジョ」の場面とどう関係があるんだ？ と心の中で突っ込んでいることでしょう。実は，大いに関係があるのです。なぜ，このような計画の錯誤が起こってしまうのでしょうか。企業，国家の大規模な計画には当然ながら優秀な

人物が多数関わっているし，我々の子供のころの夏休みの宿題の計画とは比べ物にならないほど慎重な考慮がされているはずです。それでもなお，夏休みの宿題の計画を立てる小学生のような「錯誤」をしてしまうのはなぜでしょうか。冒頭の「なるほど，完璧な作戦っすねえーっ。不可能だという点に目をつぶればよぉ～」という台詞は，その答えを実に的確に表現しているのです。

　なぜ，計画の錯誤は起こるのか？

　それは，計画を立てるからです（ズキュウウーン）。

　……別にふざけているわけではありません。真面目です。

　当然ながら，「計画」というのは全てそのとおりになることを前提に立てます。実行できない計画を立てても仕方ないですから，それは当然ですね。つまり，「計画を立てる」ということは，ある意味では「理想的なシナリオを作る」ということでもあるのです。しかし，実際に「全てを理想的に進行させる」ことが可能でしょうか。そんなことは現実的ではありません。そのことは，日々の生活の中で誰もが経験していることです。

　つまり，我々が立てる「計画」というのは本質的に「理想的すぎる」ものなのです。

　「完璧」であるからこそ「不可能」になる。まさに，「なるほど，完璧な作戦っすねえー！　不可能だという点に目をつぶればよぉ～」という表現にぴったりのもの，それが我々の立てる「計画」なのです。これは，計画やその立案者がずさんであるという話ではなく，「計画を立てる」という行為そのものが本質的に備えた難点なのです。しかも，厄介なことに，綿密に計画を立てれば立てるほど，「計画通り」に進行させることは難しくなってしまいます。計画の中にある全てのことを予定通りに進行させなければ「計画通り」にはならないのですから，これも当然ですね。「綿密さ」というのは「計画の実現」には不可欠な要素ですが，それが増せば増すほど，その計画は「予定通りに」完了

するのは困難になるのです。計画を立てる人は，「実現するためには綿密さが必要だが，その綿密さが『予定通りに』完了することを妨げてしまう」という何とも悩ましいジレンマに直面することになり，そのジレンマの結果として生まれるのが「計画の錯誤」なのです。

　引用のシーンは，そうした「計画の錯誤」の特性を端的に表しています。その言葉は病的な几帳面さを持ち，何にでも細やかな計画を立てる性癖を持つ人物に向けられた言葉ですが，まさに「計画の錯誤」を表現するのにぴったりの言葉です。「几帳面に」「細やかに」計画（作戦）を立てれば立てるほど，その計画は「不可能」に近づいてしまうのです。

　ビューラーら（Buehler & Griffin, 2003）の研究を紹介しましょう。この研究では2つの課題を用いた「計画の錯誤」の実験の中で，「未来に注目（Future focus）」という要因の効果を検討しています。実験1では，カナダの大学生を対象とし，「クリスマス前の買い物」についての質問をしました。

　この実験では，クリスマスの2〜3週間前に参加者を集め，クリスマスまでに必要な買い物をリストアップしてもらった後，「その買い物を完了できるのはクリスマスの何日前か」を予測してもらいます。この際，参加者は2つのグループに分けられます。「未来に注目」条件では，参加者は完了時間を予測する直前に「買い物をいつ，どこで，どのように」行うのかを詳細に考え，それを書き出します。統制群ではこのようなことはせず，単に完了時間を予測してもらいます。自分の未来のプランに（普通以上に）注目してもらうための手続きなので，「未来に注目」条件と呼んでいるわけです。その後，クリスマスが過ぎてから，参加者に「実際に買い物を終えたのはクリスマスの何日前か」を報告してもらいます。

　さて，結果です（図6-1）。

　白い帯が，「クリスマスの何日前に買い物を完了できるか」の事前の予測，灰色の帯が「実際に何日前に完了したか」です。

　「未来に注目」条件では，予測では平均して7〜8日前に完了してい

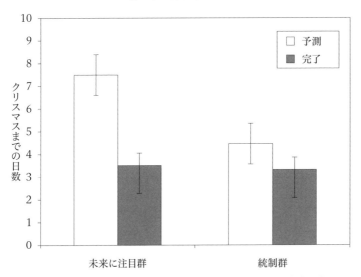

図6-1　「未来に注目」した時とそうでない時の完了予測と実際の完了
（Buehler & Griffin , 2003 より）

ると予測しているわけですが，実際には平均して約3日前に完了して
いました。つまり，平均すれば4～5日，実際の完了は事前の予測よ
りも遅れてしまったわけです。

　統制群ではどうでしょう。事前の予測は4～5日前，実際の完了は
約3日前ですね。つまり，予定からの「遅れ」は1～2日程度です。
明らかに，「未来に注目」条件のほうが予想よりも「遅れて」いるわけ
です。つまり，「計画を詳細に考えてください」と参加者に促したグル
ープは，より「計画の錯誤」が大きくなっているのです。

　同論文の実験2では，大学の課題を題材として実験を行っています。
詳細は省略しますが，こちらもほぼ同じ結果です。

　この結果は「計画の錯誤」の厄介なところをありありと示した結果
であると言えます。「綿密に計画を立てる」ということは，通常は「良
いこと」として推奨されることであり，計画を「実現」するためには
不可欠なものですが，まさにその「綿密さ」によって「予定の予算や
期間内で完了する」ことが妨げられてしまうのです。

　この実験では「未来に注目」という実験操作を行って意図的に「未来」に注目させているのですが，同じ筆者の別の論文では，計画を立てる際にどういったことを考えて行うか，ということを口述させてその内容を分析したところ，大半の内容が「未来」に関してのものだった，という実験もあります（Buehler et al., 1994）。つまり，実験者が取り立てて「未来に注目せよ」と指示しなくても，人が計画を立てる際には自然に「未来」のことに注目するということです。「計画を立てる際に未来のことに注目する」というのは当たり前と言えば当たり前のことですが，その「当たり前」が計画の錯誤の原因となるのです。

なぜ「みんな」計画の錯誤に陥るのか

　「計画の錯誤」の厄介な点はまだあります。

　例えば，ワイクら（Weick & Guinote, 2010）では，自分が権力や他者への影響力を持っていると思っている人ほど「計画の錯誤」に陥りやすいことが報告されています。この論文には4つの実験が含まれていますが，そのうち実験2では，実際の課題の前に「エピソード記憶の実験である」という触れ込みで，半分の参加者には「過去の，自分が他者に対する権力（power）を持っている立場にいたときのエピソード」を，もう半分の参加者には「過去の，他者が自分に対する権力を持っている立場にいたときのエピソード」を書き出してもらいました。

　この手続きで何をしたかったのかと言うと，参加者に自分がパワーを持っていたときのことを思い出してもらうことで，「自分が権力を持っている」という感覚を持ってもらい，この「パワー感覚」を持った参加者は「計画の錯誤」が大きくなるだろうか，ということを調べようとしたのです。つまり，この実験の独立変数は参加者の持つ「パワー感覚」，従属変数は「計画の錯誤」の大きさです。

　こうした手続きの後，参加者は文書作成ソフトを使って，未フォーマットの文書を指定の形式でフォーマットする課題を与えられ，その

完了時間を予測させました。その結果,「パワー感覚」の高い参加者,つまり「自分が他者に対する権力を持っている立場にいたときのエピソード」を書き出した参加者のほうがより早い（楽観的な）完了時間を予測しました。しかし,実際の完了時間はどちらのグループの参加者も変わりませんでした。つまり,「パワー感覚」の高い参加者のほうが実際の完了時間と予測した完了時間の差がより大きい,つまりより強い「計画の錯誤」を示したのです（少々荒っぽい実験なので説明は省略しましたが,実験 1 もほぼ同様の結果を示しています）。

また同論文の実験 4 では,「自分は他者との関係において,自分の言うことを他者に聞かせることができる」「自分は他者に自分の望むようにさせることができる」といった 8 つの項目に「全くそう思わない（1 点）」から「非常にそう思う（7 点）」までの 7 段階で答える尺度で,参加者のパワー感覚を測定し,それが強い参加者と弱い参加者で「計画の錯誤」の度合いを比較しました。実験 2 では,意図的に参加者の「パワー感覚」を操作しているわけですが,この実験では参加者がもともと持っている「パワー感覚」で参加者を分類し,比較しているわけです。形式としては実験的研究ですが,趣旨としては調査的研究に近いものと言えます。その結果,「パワー感覚」と「完了時間の予測」には負の相関がありました（パワー感覚が強い人ほど早く完了できると予測しやすい）が,実際の完了時間との相関はありませんでした。つまり,パワー感覚の強い人はそうでない人よりも早く完了できる,と予測しやすいが,実際には早くなっていない,つまり,より強い「計画の錯誤」を示したということになります。

当然ながら,このパワー感覚というのは一般的には実際に「力」,つまり高い社会的地位や影響力を持った経験がある人ほど高くなります。もちろん,そういった経験があるということは一般的には「良いこと」です。そして,高い地位についた経験,他者に影響を及ぼす立場にいた経験のある人が,そうでない人よりも計画に大きな影響を及ぼすのも「当たり前のこと」です。しかし,この研究が示しているのは,まさにその「良いこと」「当たり前のこと」が計画の錯誤の温床と

なり得るということなのです。

　また，ビューラーら（Buehler et al., 1997）では，「税金の申告書類の完成」を題材にして「計画の錯誤」の検討を行ったところ，税金が還付される見込みのある人のほうが，自分が書類を完成させる時期を早めに見積もり（必要な時間を過小評価する），また過去の経験を軽視するという傾向がみられました。税金が還付される，ということは，書類を完成させるということに「還付金」という「報酬」があるということであり，それだけ「完成させる」ことへのモチベーションが高かったと考えられます。つまり「計画の錯誤」はそのプロジェクトを早く完成させたい，という動機があるほど強くなるということを示しています。同様の結果は他の題材を使ったいくつかの実験でも報告されており，かなりはっきりした傾向なのですが，これまた「重要なプロジェクトであればあるほど計画の錯誤は起こりやすい」という非常に厄介な事実を示唆しています。

　こういった知見をまとめると，なぜこうも「計画の錯誤」の影響から逃れるのが難しいのか，その理由が見えてきます。「綿密な計画を立てるのは悪いことだ」「地位の高い人の意見がプロジェクトに影響を与えるのは悪いことだ」など，普通は考えません。そもそも，本来は悪いことではないのですから当たり前ですね。しかし，そうした常識的には「良いこと」「当たり前のこと」とされることが「計画の錯誤」の温床になっているのです。ですので，優秀な人，真面目な人であっても計画の錯誤の原因に自力で気付くことは困難です。さらに，とどめとばかりに「重要なプロジェクトであるほど計画の錯誤は起こりやすい」などという傾向もあるのですから，タチが悪いことこの上ありません。こうしたことを踏まえると，優秀な人材の集まった（であろう）スタッフが，熟慮に熟慮を重ねている（であろう）企業や国家の大規模なプロジェクトであっても「計画の錯誤」から逃れられないのも当然のことであると言えるでしょう。

　しかし，心理学の研究によって，そうした「良いこと」「当たり前のこと」が「計画の錯誤」の原因になることが分かりました。では，そ

うした知見を踏まえて、「計画の錯誤」を克服するにはどうすればよい
のでしょうか？

　先ほど紹介した、ダニエル・カーネマンのエピソードを思い出して
ください。

　その経緯をもう一度まとめるとこのような感じになります。

（1）チーム全員で、自分たちのプロジェクトが完了するまで1年半〜2
　　年半という予測をする。
（2）「同種のプロジェクトは平均して完了までおおよそ7〜10年の期間
　　がかかっており、40%のチームがプロジェクトを完了できなかった」と
　　いう統計的なデータを知る。
（3）8年という統計的なデータに合致した期間を経て、プロジェクトが
　　完了する。

　ものすごく簡単なまとめですが、要するにこういうことですね。（2）
で過去のデータを示されたカーネマンらは、そのデータを自分の判断
に取り入れ、修正することができませんでした。結果的には、カーネ
マンらのプロジェクトも「8年」という、まさに過去のデータ通りの
結果になってしまったわけですから、結果論から言うと、「自分の直観
的な予測よりも統計的データを信じておけばよかった」ということに
なります。

　つまり、簡単に言ってしまえば「計画の錯誤」を克服するための処
方箋とは、自分がやろうとしていることと同様のケースで、時間や予
算がどれほど必要になっているか、成功率はどれほどか、という過去
のデータを探し、自身の直感よりもそちらのほうを重視して計画を立
てる、というものです。もっと簡単に言ってしまえば、要するに「過
去に学びなさい」ということです。

　実につまらない、ごく当たり前のようなアドバイスですが、実はこ
れは口で言うほど簡単ではありません。人間という生き物は、「統計デ
ータを自身の判断に取り入れる」ということをしたがらない生き物な
のです。第4章で紹介した、「ホットハンドはない」というギロヴィ

ッチの統計データを見せられたバスケットボールチームの監督の言葉を思い出してください。インディアナ・フーサーズの監督B・ナイトはこう言いました。「バスケットボールのショットにはたくさんの要因が関係しているんだ。こんな研究にはほとんど何の意味もないよ」。

　この反応は、自分の直観と反する統計データを見せられた人の典型的な反応です。この監督は確率、統計についての知識はなかったのでしょうが、この発言を確率に疎い人間の言うタワゴトだ、と笑い飛ばすことはできません。「ホットハンドはある」という自身の直観とは矛盾する統計データを受け入れることのできなかったナイト監督と同様に、統計学の専門知識を持つ心理学者であるダニエル・カーネマンも、「遅くても2年半で完了できるだろう」という自身の直観と矛盾する統計データを受け入れ、考えを変えることができなかったのです。当時のカーネマンの心境を想像するとこんな感じだったのではないでしょうか。「プロジェクトの完了にはたくさんの要因が関係しているんだ。こんな過去のデータにはほとんど何の意味もないよ」。

　もちろん、これは私の勝手な想像でしかありませんが、その後の経緯を見てみると、まさにカーネマンがそういうふうに考えていた「かのような」展開を見せていますね。言うまでもないことですが、カーネマンを揶揄しているわけではありません。ここで認識しておいてもらいたいのは、カーネマンほどの「専門家」であってさえもこうだった、という戦慄するような事実です。

　「計画の錯誤」とは関係のない研究ですが、我々が統計データを嫌うことを示す次のような研究があります。

　スモールら（Small et al., 2007）は、参加者に5ドルの報酬を出す条件で実験室に来てもらい、アンケートに回答する課題をやってもらいました。しかし、このアンケートは実験の本当の目的を隠すためのダミー課題で、それ自体に意味はありませんでした。ダミー実験の終了後、ここからは別の話だと断ったうえで、ある「お願い」をしました。これも実験の目的を隠すための「うそ」で、実際はここから先が実験の「本番」となります。「お願い」というのは、実験に参加した報

酬として渡した5ドルの中から，いくらかの額をセーブ・ザ・チルドレンに寄付してくれないか，というものです。ここで，参加者がいくら寄付したかが，本当の実験の従属変数となります。

　その際，半分の参加者には，現在ザンビアでは干ばつによって300万人の人が餓えに苦しんでおり，アンゴラでは400万人の人が家を追われ，エチオピアでは1,100万人の人が緊急に食料を必要としている，といった統計データを示したうえで，寄付をお願いしました。

　もう半分の参加者には，アフリカのマリに住む「ロキア」という貧困によって痩せ細った7歳の少女の写真を提示したうえで寄付をお願いしました。

　そのうえで，各グループの参加者の寄付の額を比較しました。つまり，「統計データ」と「写真」，どちらが寄付をしたくなるようなインパクトを参加者に与えるか，ということを検討したわけです。その結果，「統計」グループの参加者の寄付額の平均は1.17ドル，「写真」グループの平均は2.83ドルという大きな差が出ました（実験1）。

　これはまあ，興味深い結果ではありますが，意外な，驚くような結果ではありません。「統計データ」よりも痩せ細った少女の写真のほうが「寄付したい」という気持ちを引き起こすインパクトが強いのは当たり前といえば当たり前の話で，実験しなくてもだいたい予測できた結果ではあります。問題は，同論文の実験3です。これは実験1とほぼ同じ手続きなのですが，参加者を2つでなく3つのグループに分け，3つ目のグループでは「写真」と「統計データ」の両方を見せたうえで寄付をお願いしました。さて，その結果，「統計」グループの平均は1.14ドル，「写真」グループの平均は2.38ドルと，実験1とおおむね似た傾向を示しました。では，両方見せたグループではどうか。1.43ドルと，「統計データ」のみを見せたグループとほぼ同等になってしまったのです（有意差なし）。普通に考えれば，「写真」と「統計データ」の両方を見せればそれぞれのインパクトが足し算されて，さらにインパクトが強くなりそうなものなのですが，逆に「写真」単体のときよりも「寄付したい」という気持ちが弱くなり，「統計データ」

単体のときとほぼ同等になってしまったのです。

「お前らどれだけ統計データが嫌いなんだよ」とでも言いたくよう な，なんとも言えない結果ですね。統計データはそれ自体にインパク トが乏しいというだけでなく，並行して提示した，感情に訴えるよう な性質の情報のインパクトをも減退させてしまったのです。こういっ た研究に象徴されるように，人間は統計データを自分の判断に取り入 れることを避けたがる生き物なのです。何しろ，統計データの重要性 も，人間の直観的判断の危うさも重々承知しているはずの，後のノー ベル経済学賞受賞者ダニエル・カーネマンでさえも統計データを自分 の予測に反映させることに失敗し，そのために計画の錯誤に陥って結 果的にプロジェクトを失敗させてしまったのですから，この傾向は筋 金入りだと言えるでしょう。

『ファスト＆スロー』の中のカーネマンのこの言葉が印象的です。

　　　この一件を話すとき，私は都合よく自分を『賢い質問を発した明 　　敏な心理学者』に仕立て上げていた。自分が実際にはまぬけで無能 　　なリーダーだったことに気づいたのは，ようやく最近のことである。

質問そのものは確かに「賢い」ものでした。そのことは間違いあり ません。カーネマン以外の誰もそんなことには気を回しさえしなかっ たのです。そして，当然のことながらカーネマンが「明敏な心理学者」 であることも間違いありません。しかし，そんな「賢く」「明敏な」カ ーネマンも，結局は「計画の錯誤」から逃れることはできませんでし た。結果論で言ってしまえば，カーネマンは（カーネマンでさえも！） せっかくのその「賢さ」を，プロジェクトの見通しをより妥当なもの に見直す方向に生かすことはできなかったのです。

では，結局どうすればいいのか

こういったことを考えると，単純に「判断の際，過去のデータを取 り入れるように心がける」といった，「心構え」程度の方法では「計

画の錯誤」を克服する効果は期待できそうもなく，もっとシステマ
ティックな方法に頼らなければなりません。フリウビア（Flyvbjerg,
2008）では，著者が考案した「参照クラス予測法（reference class
forecasting: RCF）」について述べ，その方法を実際のプロジェクトに
適用した事例が説明されています。ここで言う，「参照クラス」という
のは，現在行おうとしているプロジェクトの同種のプロジェクトのこ
とで，それらが実際にどれほどの時間，コストを必要としたかという
データベースを作成し，それに基づいて現在のプロジェクトについて
の予測を行うという方法です。冒頭で取り上げた，鉄道，橋，トンネ
ル，道路事業の予算の「不正確さ」についてのデータは，そのデータ
ベースを参照したものです。RCF は，今現在問題になっている事業と
同種の事業がどれほどの期間，コストがかかったかを示す確率分布を
作成し，それに基づいて現在の予測を修正するという方法です。簡単
に言ってしまえば「予測をデータによって修正する」という，カーネ
マンができなかったことを一定の手続きに従ってシステマティックに
実行するというものです。もっと簡単に言ってしまえば，「その手続き
に従えば自動的に過去から学べちゃうぞメソッド」とでも表現するこ
とができます。要するにそれだけのことではあるのですが，ここまで
論じたように人が自発的に「過去に学ぶ」ことは困難ですので，それ
に従えば過去に学べるという一定の手続きを用意することには意義が
あります。

　フリウビア（Flyvbjerg, 2008）では，イギリスの道路事業，スコッ
トランドの路面電車事業，ドイツの高速鉄道事業などでこの RCF を実
践し，より良い予測を導いた事例が紹介されています。

　しかし，このやり方は，同種のプロジェクトのデータをある程度ま
とまった数で集めることができるような大規模なプロジェクトにのみ
適用可能な方法であり，いつでも実行可能であるとは限りません。少
なくとも，我々の日常生活における「計画の錯誤」の克服には役に立
ちそうもありません。とはいっても，匙を投げてしまうわけにもいか
ないので，少しでも「計画の錯誤」を軽減する方法を考えてみましょ

う。

　最初に「未来へ注目」という手続きで，未来のことに注目させると計画の錯誤がさらに強くなる，という実験を紹介しました。では，逆に過去の経験に注目させれば計画の錯誤は軽減するのではないか，というのがまず思いつきますが，そういう研究もあります。

　ビューラーら（Buehler et al., 1994）では，参加者にパソコンを使った課題を課し，その完了時間を予測してもらいました（実験4）。その予測をさせる際，特別な指示をしない統制条件と，似たような課題をした自身の過去の経験を思い出させる条件（想起条件），過去の経験と今の課題とを結びつけるような考えをさせる条件（関連想起条件）を設定しました。具体的には，想起条件では参加者は過去に同様の課題を行ったときの経験についていくつかの質問をされたのですが，関連想起条件では「過去の経験をもとに，自分が今回の課題を完了するまでのありそうなシナリオを作成せよ」と指示をしました。こうすることによって，単に過去の経験を思い出させる想起条件よりもさらに強く過去の経験に注目させ，かつ過去の経験と現在の課題を結びつけるような考え方を促したのです。さて，結果です（表6-2）。

　結果を検討してみましょう。まず，「統制条件」「想起条件」「関連想起条件」で，「ずれ」，つまり「実際の完了日数」と「予測された完了日数」の差を比較してみます。ここを見ると，統制条件と想起条件は-1.3, -1.0とあまり変わらないものの，関連想起条件では-0.1とはっきり小さくなっており，「ずれ」がなくなっていますね。つまり，「関

表 6-2　課題完了予測実験（Buehler et al., 1994 より）

	実験条件		
	統制条件	想起条件	関連想起条件
予約完了平均日数	5.5	5.3	7.0
実験の完了平均日数	6.8	6.3	7.0
ずれ	-1.3	-1.0	-0.1
絶対差	1.8	2.0	1.9
予測時間以内に完了できた人の割合 (%)	29.3	38.1	60.0

連想起条件」のみ，「実際の完了日数と予測された完了日数」の「ずれ」が小さくなっているということになります。

　ここだけ見れば，「ただ過去の経験を思い出すだけでは『計画の錯誤』は軽減できないが，過去の経験と現在の課題を関連づけた考えをすれば『計画の錯誤』は軽減する」というような結果に見えます。そのとおりであるならば，「関連想起」という手続きによって「計画の錯誤」を克服することができた，ということになります。ところが，そうもいきません。その下の「絶対差」とは，「ずれ」の絶対値の平均です。この値は，3 つの条件でほぼ同じですね。つまり，「ずれ」の平均には差があるのに，「ずれの絶対値」の平均には差がない，という結果です。つまり，「関連想起条件」においては，「実際の完了時間よりも早い完了時間を予測する」という「計画の錯誤」は起こっていないものの，別に「完了時間の予測」の正確さが増した，というわけではない，ということになります。なぜこのような結果になったのでしょうか。その下の，「予測時間以内に完了できた人の割合」を見ると謎が解けます。関連想起条件では，はっきりとその割合が他の 2 条件よりも大きくなっていますね。つまり，「関連想起」条件では，実際の完了時間よりも，完了時間を遅く予測した人，つまり「逆・計画の錯誤」を示した人が多数いたということになります。つまり，グループ全体で見れば確かに普通の意味での「計画の錯誤」は軽減しているとも言えるのですが，これは「後知恵バイアス」の章で論じたような「押し戻しすぎ」の人がいたために出た結果であって，別に完了時間の予測の精度が高まったわけではないのです。

　これはこれで全く無意味だ，というわけではなく，例えば冒頭に挙げた「夏休みの宿題」のような課題に関してであれば，予測が遅すぎる，つまり「予定よりも早く完了できる」ことに何の問題もなく，むしろ喜ばしいことなので「関連想起」という手続きで「計画の錯誤」を減少させようという試みは有効であると考えられます。しかし，正確な予測が必要とされる場面ではこうしたやり方はあまり役に立たない，ということになってしまいますね。

　また，ビューラーら（Buehler et al., 2012）では，プロジェクトを第三者の目で見たときの効果を検討しています。この研究では，与えたプロジェクトを完成までの手順や，予想される障害などを含めて視覚的にイメージする，という課題を最初にやってもらいました。その後，「あなたはそのイメージをする際，自分自身のこととしてプロジェクトのことを考えたか（一人称視点），それとも第三者の視点でプロジェクトのことを考えたか（三人称視点）」という質問をしました。その結果，「三人称視点」と答えた人は約 1/3 でしたが，「一人称視点」と答えた参加者と，「三人称視点」と答えた参加者で分けて，「計画の錯誤」の大きさを比較してみると，「三人称視点」と答えた人は「一人称視点」と答えた人に比べて，「計画の錯誤」が小さい，という結果がみられました（実験 1）。

　さらに，同論文の実験 2 では，参加者を 2 グループに分け，イメージしてもらう際にそれぞれ「一人称視点で考えるように」「三人称視点で考えるように」という指示を出し，各グループの「計画の錯誤」の大きさを比較したところ，実験 1 と同様に「三人称視点」の参加者は「計画の錯誤」が小さいという結果がみられました。また，同論文のさらに詳細な分析では，「三人称視点を持った人は，一人称視点で見た人よりも，起こり得る計画の障害により着目している」という知見が得られています。つまり，これらの知見から言えることは，「計画を第三者的な視点で見ることで，起こり得る障害のことをより考慮することが可能になり，『計画の錯誤』を克服することができる」ということになります。これは「計画の錯誤」の克服に一定の示唆を与える知見と言えます。

　ただ，この知見を現実の場面に生かすのは口で言うほど簡単ではありません。前に紹介した，「プロジェクトを完成させたいというモチベーションが高いほど『計画の錯誤』は強くなる」という知見を思い出してください。ビューラーら（Buehler et al., 2012）の知見から，「なぜそうなのか」が分かってきます。切実に完成させたいと願うプロジェクトであればあるほど，三人称視点で，つまり，「客観的に」自

分のプロジェクトを見るのは困難であろうからです。同論文の実験3
では，この「視点効果」は「モチベーション効果」を軽減する，つま
り「三人称視点で見ている人は，モチベーションが高くてもそれほど
計画の錯誤が大きくならない」という効果も報告されてはいるのです
が，同時に「モチベーションが高い人ほど一人称視点で見やすい」と
いう傾向も示唆されています。現実のプロジェクトなどに対する「モ
チベーション」は，時にはそのプロジェクトに立案者の人生がかかっ
ていることもあるわけで，この実験で言う「モチベーション」とは比
べ物にならないほど大きな要因になり得ます。そうした状況で，「三人
称視点で自分の計画を見る」というのは口で言うのは簡単でも，実現
するのは非常に困難でしょう。

　しかし，冒頭に引用した「ジョジョ」のシーンは我々に良い「言葉」
を与えてくれています。計画を立てたときは，自分の立てたその計画
に向けて，第三者の立場に立ったつもりで「突っ込み」を入れてみま
しょう。「なるほど，完璧な計画ッスねえー。不可能だという点に目を
つぶればよお〜」と。そして，自分自身を挑発するような気持ちで計
画の障害，難点，困難さをあげつらい，「なぜ不可能なのか」を「論
証」してみせましょう。それこそが，この実験で効果を挙げた「三人
称視点で自分のプロジェクトをイメージする」という手続きとなるの
です。

　私は大きなプロジェクトに携わる全ての人は，計画を立てる際には
このシーンを思い浮かべ，第三者の目線から自分たちの計画に対して
その「突っ込み」を入れて見るべきだとわりと真面目に考えています。
いや，本当に真面目に，です。

あなたが重要なプロジェクトに関わる時には

・「計画の錯誤」と，「なるほど，完璧な作戦ッスねーっ。不可能だという
　点に目をつぶればよぉ〜」という台詞との関連を思い出そう（p.161）
・「綿密に計画を立てる」という「良いこと」，「権力のある人がそうでな
　い人より計画に影響を及ぼす」という「当たり前のこと」が原因にな

ってしまうという「計画の錯誤」の厄介さを思い出そう（Buehler & Griffin, 2003; Weick & Guinote, 2010）。

・「計画の錯誤」は，「第三者の目線で自身の計画を見る」ことで軽減されること（Buehler et al., 2012）を思い出し，自身の計画に「なるほど,完璧な作戦ッスねー。不可能だという点に目をつぶればよぉ～」という「突っ込み」を入れてみよう。

引用文献

Buehler, R. & Griffin, D. (2003) . Planning, personality, and prediction: The role of future focus in optimistic time predictions. *Organizational Behavior and Human Decision Processes*, 92 (1-2), 80-90.

Buehler, R., Griffin, D., Lam, K. C., & Deslauriers, J. (2012) . Perspectives on prediction: Does third-person imagery improve task completion estimates?. *Organizational Behavior and Human Decision Processes*, 117 (1), 138-149.

Buehler, R., Griffin, D., & MacDonald, H. (1997) . The role of motivated reasoning in optimistic time predictions. *Personality and Social Psychology Bulletin*, 23 (3), 238-247.

Buehler, R., Griffin, D., & Ross, M. (1994) . Exploring the "planning fallacy": Why people underestimate their task completion times. *Journal of Personality and Social Psychology*, 67 (3), 366.

Kahneman, D.(2012). *Thinking, Fast and Slow*. Penguin.(村井章子訳 (2014) ファスト＆スロー　あなたの意思はどのように決まるか？．ハヤカワ・ノンフィクション文庫.)

Kahneman, D. & Lovallo, D. (1993). Timid choices and bold forecasts: A cognitive perspective on risk taking. *Management science*, 39(1), 17-31.

Flyvbjerg, B. (2008). Curbing optimism bias and strategic misrepresentation in planning: Reference class forecasting in practice. *European Planning Studies*, 16 (1), 3-21.

Small, D. A., Loewenstein, G., & Slovic, P. (2007). Sympathy and callousness: The impact of deliberative thought on donations to identifiable and statistical victims. *Organizational Behavior and Human Decision Processes*, 102 (2), 143-153.

Weick, M. & Guinote, A. (2010) . How long will it take? Power biases time predictions. *Journal of Experimental Social Psychology*, 46 (4), 595-604.

＊　　＊　　＊

荒木飛呂彦 (1993) ジョジョの奇妙な冒険, 30 巻, p.110 (ジャンプコミックス) 集英社.

あとがき

　と，いうわけで，「漫画の一コマを話の枕にする」という形式でいくつかの心理学のトピックを紹介してきたのですが，いかがだったでしょうか。この本は「心理学の入門用」という位置づけですが，今までにない形の「入門書」になったかと思います。

　私は以前から大学の一般教養の授業の中で，同様のやり方で漫画の一コマを「話の枕」に使うという形式をしばしば使っていたのですが，受講生からは非常に受けがよく，授業のリアクションペーパーなどで「漫画を使って自分たちの興味を引こうとしてくれているのがよかった」といった感想をいただきます。私としては別に学生受けを狙った「つかみ」のようなつもりはなく，説明の題材としてぴったりだから使っていたにすぎないのですが，受講生の反応から，結果として「心理学はどこにでもある」ということをアピールする効果があることにも気づき，このような本があったら面白いのではないか，という発想に至りました。

　ただ，最後まで読んでいただけた方には分かっていただけると思うのですが，漫画を題材にしているからといって別にふざけた本ではなく，心理学の「入門書」としてはかなり本格的な内容にしたつもりです。真面目な内容であるだけに，「話の枕」として引用する漫画のチョイスはかなり限られたものになり，これから心理学を学ぼうとする若い方々に対してはやや偏ったものになってしまいましたが，こればかりはどうしようもないので，そこはどうか見逃していただきたいと思います。

　心理学の面白さが多くの人に伝わり，『空手バカ一代』がヒットした後の極真会館や『柔道一直線』がヒットした後の講道館のように，本書をきっかけとして全国の大学の心理学科の志望者が増えるようなことがあればいいなあ，という願いをこめて執筆しました（若者置き去

り）。

　余談になりますが，この本を書くにあたって「モチーフ」となった本があります。それは心理学とは全く関係ない『最新戦法の話』（勝又清和著，浅川書房，2007）という将棋の本です。その本は将棋の戦法の発展を解説した本で，「新たな戦法に対して，それに対抗する『新手』が発見され，その新手に対抗する新手が発見され，またその新手に対する新手が……」という「いたちごっこ」によって戦法が発展していくありさまが詳しく解説されているのですが，その様子が心理学における「実験によって新たな知見が生まれ，それによって従来の理論が補完，あるいは修正されることで理論が発展していく」様に通じるものがあるように思い，「このような感じで研究の発展を説明した本を書いたら面白いのではないか」と考えたのが，本書を執筆したもう一つの動機でした（「～の話」という章題はその本のオマージュです）。

　その本のあとがきにならった一文で，本書を締めさせていただきます。

　これからも心理学をよろしく。

索　引

著者略歴

杉本　崇（すぎもと たかし）

神奈川大学人間科学部非常勤講師。

1999 年，成蹊大学工学部計測数理工学科卒業。2008 年，東京大学人文社会系研究科文学部心理学研究室博士課程単位取得退学。

日本認知心理学会所属。研究テーマは「アンカリング効果」「リスク認知」。

思いこみ・勘ちがい・錯誤の心理学

なぜ犠牲者のほうが非難され，完璧な計画ほどうまくいかないのか

2023 年 6 月 1 日　第 1 刷

著　者　杉本　崇
発行人　山内俊介
発行所　遠見書房

〒 181-0001　東京都三鷹市井の頭 2-28-16
株式会社　遠見書房
TEL 0422-26-6711　FAX 050-3488-3894
tomi@tomishobo.com　https://tomishobo.com
遠見書房の書店　https://tomishobo.stores.jp/

印刷・製本　太平印刷社

ISBN978-4-86616-170-9　C0011
©Sugimoto Takashi　2023
Printed in Japan